ちくま文庫

読書からはじまる

長田弘

JN095448

筑摩書房

読書からはじまる

目次

はじめに

今日を特徴づける一つとして、「活字離れ」ということが語られることが、いつか当然のようになりました。しかし、数で言えば、かつてより活字の本はたくさん世に出ています。今日を特徴づけているのは、「活字離れ」ではありません。むしろ今日、読書という問題をめぐって揺らいでいるのは、本というものに対する考え方です。

本というのは「本という考え方」です。「考え」の容器や自己表現の道具にすぎないものが、本なのではありません。大切なのは、なによりもまず、本は「本という考え方」を表すものであるということ。本についてのいちばん重要なことは、本は「本という考え方」をつくってきたものであるということ。わたしはそう考えています。

本を読むということは、その内容や考えを検索し、要約するというようなこととはちがいます。それは本によって、本という一つの世界のつくり方を学ぶということです。

たとえば、遺跡。あちこちで古代の遺跡が発掘されています。出土したものに遺された文字を解読できれば、その社会のつくり方、その時代に生きていた人たちの、世界のつくり方がわかってきます。たった一つ、そこに言葉があれば、それだけで、そこにどういう社会が、経済が成り立っていたか、その時代の世界のつくり方、その社会の人びとの生き方が知られます。

あるいは、料理。レシピという本を通して、料理のつくり方を覚える。つくり方を覚えるというのは、料理をつくる時間を手に入れることです。そして、できたものを一緒に食べるという楽しみを手に入れるということです。そうした今を明るくし、食卓をひとの集う場所とする知恵が、料理の材料や調理法を次の世代に伝えてゆくレシピになる。

「本という考え方」を人びとのあいだにそだて、言葉をのこす「本の文化」というものをささえてきたのは、ここにある言葉を、ここにいないひとに手わたすことができるようにするということです。

「読む本」「読むべき本」が、本のぜんぶなのではありません。本の大事なありようのもう一つは、じつは「読まない本」の大切さです。図書館が、一人一人にとっては、すべて読むことなど初めから不可能な条件のうえにたってつくられるように、「本の文化」を深くしてきたものは、読まない本をどれだけもっているかということです。

今日、見逃されがちなのは、「本の文化」のそのようなありようです。読まない本、読んでいない本が大事なんだという本との付きあい方が、目先にでなく、どこまでも未来にむけられた考え方としての「本という考え方」を確かにしてきたということです。

本は「はじまり」「もと」という意味をもっています。「本という考え方」というのは、つまり「本という本《もと》」ということです。本は本《もと》であるというのは、言葉が本《もと》であるということです。その親しい感覚を通して、本はなくてはならないものとして感じられてきたということを、忘れないようにしたいのです。

本というメディアは、人間がもっとも長く付きあってきたメディアです。活字ができる以前から「本」はあった。口から耳へというかたちで、目には見えない「本」があった。人間だけにできて、人間にしかできない考え方が、「本という考え方」であり、「本という考え方」によって、歴史のなかに成長してきたのが人間。そう思うのです。

その本をそれまで読んだことがない。にもかかわらず、その本を読んで、「私」という人間がすでにそこに読みぬかれていたというふうに感じる。のぞむべき本のあり方はそうであり、そのようなしかたで、いつの時代にあっても人びとにとってのもっとも大事なことが、きまって本というかたちをとって表され、伝えられてきたというのは、宗教も法律も、文学も、それが基本で、すなわち基は本だからです。人間のありようにとっていちばん重要なことが書かれてきたのは、いつの世にも本だったから、三蔵法師（玄奘）も本（経典）を求めて西域に旅立ったのです。

いい本というのは、そのなかに「いい時間」があるような本です。読書といういとなみがわたしたちのあいだにのこしてきたもの、のこしているものは、本のもっているその「いい時間」の感覚です。本のある生活、本のある情景はこころにくいという感覚がおたがいのあいだにたもたれるようでないと、社会の体温が冷えてしまう。

今日、揺らいでいるのは、本のあり方なのではありません。揺らいでいるのは、本というものに対するわたしたちの考え方であり、「本という考え方」が揺らぐとき、揺らぐのは、人と人を結び、時代と時代を結ぶものとしての、言葉のちからです。

1　本はもう一人の友人

友人とはどういうものか

「友人としての本」というふうにして本を考えるとき、まず考えることは、友人とはどういうものかということです。ここでいう友人というのは、友人というあり方のことで、どういうあり方を友人と言い、そしてそうした友人というあり方が、本というもののあり方において、どういう意味をもつのだろうか、ということです。

友人というのはその場かぎりではありません。「ずっとつづく」関係です。親しい、よく知っているという以上に、友人というあり方の根をなすのは、「ずっとつづく」ということ。「ずっとつづく」ものが友人であり、友人たりうるということであり、「ずっとつづく」というのは、日常的にずっと連続するだけでなく、日常的にたとえ連続していなくとも、続いているという感覚がずっとつづいている、ということです。

友人と言うと、人間のようにしか聞こえないかもしれませんが、人間だけでなく、たとえば山もそうです。

そこに山がある。その山を見て、そこにひとは、さまざまなものを見る。緑を見る。晴れたり、曇ったり、天候を見る。過ぎてゆく季節、やってくる季節を見る。山を見ているうちに、自分の思いを見ていることに気づくことも、きっとあります。状況、年齢、環境、その日の気分の問題まで含めて、それぞれに、さまざまに、そこにある山を見る。

そうやって山を見ることができるためには、大事なのはただ一つ。そこにその山がずっとある、ということです。ずっとあるのが、山なのです。

石川啄木が「ふるさとの山に向ひて言ふことなしふるさとの山はありがたきかな」と歌った「山」は、山すなわちふるさとであり、ふるさとすなわち友人です。そこにずっとある山が、「石をもて追はるるごとくふるさとを出でし」啄木には、終生の友人でした。

そこに山がある。そこにずっとつづいてある。そのように、ずっとつづいてあるものこそ、人間の友人同様、自分にとっての友人であるということ。自分にとっての友人といえる、ある確かさをつくりだすのは、この、ずっとつづいてそこにあることの意味です。わたしたちが毎日にあって、いいなと思うこと、しんどいと思うことは、友人と言えるだけのものが、ずっとつづくものが、自分のなかにあるかどうかに係わっています。

本の位置、本の場所

「ずっとある」ということは、どういうことでしょうか。ずっとつづくというのは、毎日毎日つづいてゆく、というだけとは違います。毎日毎日つづいているものを、もう一つ別の側から見させてくれるのが、自分にとっての、ずっとつづいているものであり、自分のうちにずっとつづくものをもっているかどうかで、ひとの生き方もまた、やっぱり違ってきます。

目の前に毎日の生活がある。その毎日の生活のもう一つそちら側にずっとつづくもの、自分の心のなかにずっとつづいているものとして、友人というものが存在する、ということです。

友人というのは、わたしたちをふりかえらせてくれるものです。わたしたちは、ふりかえるときにいろいろなことを思い、あるいは感じます。友人というもののちからが、わたしたちをふりかえらせる。人生があっという間に過ぎて終わってしまった、ということにならないために、わたしたちはそういうものを必要としています。あるいは、そういうふうにならないように、と言ったほうがいいのかもしれません。自分のなかで、もう一つの長くつづくものとしての何かを求める。人間というのは本来、一つのものだけではなく、もう一つのものをつねに必要としているそういう存在である、とわたしは考えています。

本は、非常に古くから、人間のあいだに必要とされてきたメディアです。時代がすすむにつれて必要になったわけでも、活字が発明されたから必要になったわけでもありません。

今日の本のかたちとは違うかもしれませんが、自分の生活を見つめるもう一つの時間、もう一つの場所、もう一つのずっとつづいてゆくものとして、人間が生きてゆくということの友人という性格をもつ言葉のかたちとして、本というものをひろく考えるなら、岩石に引っ掻かれた文字も、竹筒に書き留められた言葉も、あちこちの古墳から出てくる木片や貝片にのこされている記号も、絵のかたちに表現されたものも、一つ一つが、そのときそこに生きていた人びとの生活のかたちや活動のありようを、もう一つの場所、もう一つの地点、もう一つの視点から見させてくれる。そこに、人間が本来、必要としてきた本の位置、本の場所というものがあるのだと思えます。

そんなふうに、人間がいつのときも日々に必要としてきた、「必要」を種子として、本という文化は育まれてつくられてきた、というふうに理解したいと思うのです。そうでないと、ただただせっかちに新しい世紀のかたちを求めるあまり、もう本の時代ではないというような話になりかねません。しかし、ひとは、自分たちがずっとつづくものとしての友人を必要とすることから、非常に長い間かかって本という必要な言葉のかたちを生んできたのです。そんなふうに本というものを、いつでも人間は必要としてきたというのは、単に情報とか、そのときどきの必要のためだけに本がつくりだされてきたのではないということを表しています。

近代になって失われたもの

「どんな人もその気になれば友だちは見つけられる。現実生活に友だちがいない人にも、唯一友人を準備してくれるものがあるとすれば、それは書籍だ」。幸田露伴はそう言いました。

現実生活の友人はその人が生きているということが前提ですが、本は死んだ人すべてのなかから、自由に自分で、友人を見つけることができる。何千年もの昔に友人を求めることもできる。読むとは、そうした友人と遊ぶということです。

ところが、時代が新しくなって、本の世界は誰にも近しいものになったはずなのに、近代になればなるほど、逆に、友人を発見するちからは落ちてくるのです。そうして、友人を発見する、あるいは友情を発見する代わりに、手に入れたのは孤独です。あるいは、孤立です。

人びとはどんどん孤独になって、どんどん孤立化するようになります。生活は便利になった。暮らしはゆたかになって、さまざまに進歩し、発見は相次ぎ、あらゆる面で不都合がすくなくなって、時間はスピードアップされ、不自由さにくるしめられることがなくなった。なくなったけれども、代わりにただ一つ、とんでもないものを手に入れた。それが孤立感です。あるいは孤絶感です。人びとが本を読まない時代に、人びとのあいだに失われるのは友人を見つける能力です。

二〇世紀に生じたいちばん大きい出来事の一つは、地図帳に見いだせます。イギリスで出ているタイムズ地図帳という、おそろしく分厚くて、でかい地図帳があります。二〇世紀の前半、その地図帳は二五年に一度改訂するのでよかった。ところが、一九八〇年代の半ばぐらいから、それでは世界の変化にとうてい追いつけなくなります。その地図帳に、二〇世紀の最後の一〇年に生じたことは、決定的なことです。

何が生じたか。それまではその世界地図帳には、国境のない箇所が、「アンノウン(unknown)」として、いつもいくつかあった。それが、二〇世紀の最後の一〇年になって、なくなった。最後の最後まで「アンノウン(unknown)」としてのこっていたのは、アラビア半島の砂漠でしたが、それも八〇年代のおしまいごろ国境線がつながって、今は世界地図帳を広げると、もうどこにもぜんぶ、国境がある。世界地図帳に国境のない場所がなくなったのは、おそらく今が初めてです。

地図に国境が引かれようと引かれまいと、砂漠はずっとあったし、今もある。ずっとあるという事実に対して、後から人間がそこに線引きしてきたのです。ところが、二〇世紀の終わりになって、ずっとあるものよりも、後から引いた国境や区分けのほうを重んじるようになって、歴史のなかにずっとつづいてきたもう一つのもの、もう一つの領域がどんどんつぶされて、ぎりぎりまで「アンノウン（unknown）」のなくなった辛い到着点が、今、新しい世紀になってわたしたちが置かれている位置なのだろうと思います。

書かれていないものへの想像力

二〇〇〇年、三〇〇〇年と続いてきた本の文化の中で、あるいは本を友人とする人間の生活の中で人間が本の中に見てきたものは、二一世紀の初めに立っているわたしたちが本に求めているようなものだけでは、必ずしもなかったはずです。本を通して、本に書かれていないものを想像するちから、あるいはその本によって表されているものではないものを考えるちからを、わたしたちは長い間、本から得てきたのだったからです。

本という文化が長年かかって培ってきたものは、本に書かれているものを通して、そこに書かれていないものを想像させるちからです。今日、わたしたちの社会がぶつかっている問題は、書かれていないものを必要とする考え方をなくしてしまったことに起因している、そのためにとまどっているように思われるのです。

本というのは、とてもおもしろい性質をもっています。本は言葉で書かれています。言葉というのは、日常にあって特殊なものではありません。ごくごく普通に、そこにもここにもあるものにすぎません。誰も占有できないもので、平等なものは言葉です。言葉は、たとえば楽器とは違います。ピアノの音は、日常のなかにある音とは違います。たとえば、台所にあるのは水の音だったり、ガスの炎の音だったり、包丁の音だったり、日常にあるのは何かをしていて自然に出てくる音ですが、ピアノの音はピアノという楽器だけがつくりだす音です。ピアノなしにはない音です。音楽という表現をささえてきたのは、日常にない音なのです。

けれども、だれが、どこで、何をしていても、言葉はつねにそこにあります。「おはよう」とか、「そのはずだよ」とか、「いやだ」とか、「雨が降っている」とか、「遠くへゆこう」というふうに、言葉は当たり前のものとして、そこにあります。そのように、どこにでもあるものとしての言葉をつかってつくりだされてきたのが、本です。

文化とよばれるものをふりかえって考えるなら、たいがい日常にないもので何かをつくりだすというのが、人間にとっての文化の歩みをつくってきたことに気づきます。

本の歴史は違います。言葉は、つねに日常のなかにしかなく、日常のなかにあることができなくなってしまえば、言葉は消えてなくなってしまいます。言葉がなくなれば、その文化は途絶えます。ロゼッタ石や死海文書や敦煌の遺跡など、失われた言語の解読が遥か後世のわたしたちの目の前によみがえらせたのは、もはや滅んだ言語とともに生きていた人たちの喜びや悲しみまで含めて、その生活の文化の全体、すなわち失われた日常でした。

たった一つ遺された文字があれば、その文字に記されていない生活、その人たちの生きた文化、文明といったものまで想像することができるのが文字です。

書かれていないものを想像するちから、表されているものではないものを考えるちからを伝えることができるという本のちからに思いをこらすことなく、本を表現の道具やメディアの媒体にすぎないとしてしまうと、長い歴史をかけて、本がわたしたちのあいだに生みだし、もたらしてきているものが何か、見えなくなってしまいます。

あるいは、そうした見えないものへの想像力に対して、およそ傲慢な人間になってしまいます。

本と人生は平行する

今日、人間がもっているいちばんの危険は、人間が偉いのだと思いすぎていることかもしれません。伝承によって、文字によって、そうして本によって、わたしたちに手渡されてきた、ここにあるもののむこう側にある、もう一つの文化というものの大事さ、人が死んだあとにものこってゆくもう一つのもの、「ずっとある」ものに対する想像力が、今はなんだかひどく削がれているように思います。

友人としての本というふうに考えるというのは、たくさん時間があって、たくさん本を読めたらいい、というようなことではないのです。本は、人間のあり方、人生のつくり方、毎日毎日の過ごし方、そういうところに密接に、深く係わってきた。そのような本と自分との係わり方を、自分の日々に、あらためて自覚してみちびくべきではないのだろうか、ということです。

暦やカレンダーのことを考えれば、わかります。暦やカレンダーも、本です。カレンダーという本には、もともと単に日付が書いてあるだけではありません。日付も書いてありますが、他にも日付にまつわる事柄が記されてもいます。星座を書いてあるものがあったり、諺が書いてあるものもあります。言いかえれば、日付のむこうに、もう一つのものがある。そうしたもう一つの何かを与えてくれるものを、ときに意識的にときに無意識のままに、人びとはいつでも必要としてきました。

日付のむこうに自分が求めるものが何かというのは、それらがそれぞれの日々の自明な一部になってしまうために、あまりにも親しく、当然のようになってしまって、ままに気づかれることもありません。目新しいものには目がゆくが、目新しくないものには気づかないということはよくありますが、そうしためったに気づかない、気づかれないことのなかに、長い間につくられてきた大事なものがひそんでいます。

本を開けると、初めに始まりがあり、最後にはおしまいがあります。それが当たり前というのが本であり、本のそなえる特質です。

TVはどこが始まりで、どこが終わりでしょうか。放送が始まるときが始まりでしょうか。それとも、それぞれがＴＶをつけたときが始まりで、それぞれがＴＶを消したときが終わりなのでしょうか。終わりというのは、放送がそれで終わるときが終わりなのでしょうか。二四時間放送だったら、どうでしょうか。終わりも始まりもなくなってしまうのでしょうか。自分が見ていようといまいと、ＴＶの時間は先にすすみます。本は違います。自分が読まなければ、本は先にすすみません。本はその本を開いたときが始まりで、閉じたときがおしまいです。始まりがあって終わりがあるのが、本です。

始まりがあって終わりがあるというのは、人間の生き方そのものです。生まれてきたときが始まりで、死んだときがおしまいです。そのために、本のありようは、しばしばそのまま人間の一生のありようを指すというふうに感じられてきました。「人生の最初の一頁」という言い方があり、「行間を読む」という言い方があります。「一巻の終わり」と言えば、一巻が意味するのは人生です。

ひとは記憶の入口を必要とする

本がひとの人生のありようをうがつのは、本はひとの記憶をつくるものであるからです。わたしが『記憶のつくり方』という詩文集を編んだとき、そのきっかけとなったのは、幼い日を過ごした町を四五年ぶりに訪ねたときに見た、小川の流れでした。たまたまその近くの町で話をする機会があって、そのときに今は桃畑のある町として知られるその町に寄ったのですが、四五年ぶりですから、何もかもすっかり変わっていて、一学期だけ通った小学校の建物はまったく違っているし、道路区画で道が直されて、住んでいたところもどこだったかわからないのです。ところが、たった一つだけ、全然変わっていないものがありました。

それは川でした。小学校のすぐ前を小川が流れていて、それが細い小道に沿って曲がって流れてゆくのですが、瀬のところが日の光に反射して、静かにかがやいていました。曲がってゆく川、澄んだ流れ、きらきら光る川面、飛ぶ虫、そうしてどこかあたたかなゆっくりした時間とか、そういうものはまったく変わっていなかった。辺りの風景はぜんぶ、変わっていました。家も、町の様子も変わり、市街電車は取り払われてなくなっていたし、まったく何もかもすっかり変わっていたのですが、その川のかがやきは自分の記憶のなかにあるままだったのです。その川のかがやきを見て、ここで自分がかつて幼い日々の時間を過ごした記憶が、ここを通ってここをこう歩いていったというようなことが、はっきりと思いだされたのです。

時代は町を変えますし、歳月は人を待ちませんが、それでもどんなに変わっても、そこに自分だけの記憶の入口になるようなもの、ずっとあるものが、何かきっとあるはずです。そのずっとあるものが、どこかに思いがけなくのこされている。それは、そこにずっとつづいてあるもの、自分の心のなかにあるもう一つの時間への入口であり、もう一つの記憶への入口であり、もう一つの人生のかたちをそっちの側から見せてくれる記憶への入口なのです。ずっとそこにあるものに、もし気づかないままなら、何も気づかずそこを通り過ぎてしまうだけでしょう。けれども、もし気がつけば、自分にとってなにより親しい記憶の入口が、そこには必ずある。

どこに記憶の入口はあるのでしょうか。『風にのってきたメアリ・ポピンズ』というとても魅惑にみちた物語に、その物語作者はこう書いています。「あなたの街で、道に白いチョークで画かれた白いドアを見つければいいのです。そしたら、その白いドアを開けて、その向こうの世界へ入ってゆけばいいのです。」本というのは、その物語作者のいう「道に白いチョークで画かれた白いドア」です。

どこにもう一つの世界へのドアがあるかを指さす本が、友人としての本です。枕を引っくり返して寝たばっかりに、朝起きたときには別の場所にいた、ということもありうるのが、本のくれる驚きですし、いつも右足からベッドに入るけれど、きょうは左足から入ったらどういうことが起きるだろう、というふうに左足から入ったらとんでもない時間の中にタイムスリップしてしまう、ということもありうるのが、本のくれる楽しみです。

ここからもう一つの時間がある。ここをくぐってゆくと、そのむこうにもう一つの時間がある。今は忘れていて、しかも忘れていることさえ気づいてもいない。けれども、そこにずっとある。そこに大事なものがあると、語りかけてくる。子どもの本などは、それが仕事といってもいいかもしれません。

どうしてかといえば、もう一つの時間への入口を気づかせるということが、そもそも本のいちばん大事な仕事だからです。こちら側だけの考えでは計れないものが、そこにあるということを思いおこさせるのが、本のひそめているちからです。

見えない背中をもつ人間

人間は、自分の背中を見ることができません。他人の背中は見えますが、自分の背中は見えないのです。自分では見えないものを背負って生きているのが、人間です。ところで、本には背中があります。本を立てる。その立っている本の、こっちをむいているところが、本の背中です。書店で、あるいは図書館で、わたしたちが本棚に見ているのは、ほとんどが本の背中です。本は顔を見るのではなくて、背中を見るものなのです。なぜ、いつからそれが背もしくは背中とよばれるようになったか、詳らかではありませんが、それが顔でなく、背中とよばれてきたというところにも、人間が自分の見えないものを見る方法として本というものを必要としているため、一つの比喩としてそういう言い方が出てきたのではなかっただろうかと思うのです。

おもしろいことに、本はしばしば人間の身体の比喩を、今でももっています。消費税がかかるようになった今、本の価格は〔本体〕と表示されていて、その本体にかかっているのは帯とよばれます。比喩というのは、文化です。比喩の出所を見れば、その社会の文化の温度がわかるのです。逆に言えば、ある比喩が消えてゆくときは、ある文化が自分たちのあいだに失われゆくときでもあるのです。

自分たちの生活のなかにあるもっともありふれたものを、生き生きとした言葉に変えてゆくのが、比喩です。比喩を育んできたように、言葉を不断に更新してゆくというのが、本の文化の育んできたちからです。本のつくってきた文化は、活字によってつくられてきたのではありません。言葉が育んできたのが本の文化であり、言葉というのはそもそもの初めから、人びとの日常のなかに深くひろく根を張って育ちます。

本の文化は、日常にないものをつくってきた文化ではないのです。本の文化というものがこれほど長い生命力をもち、本というメディアがこれほど長い間わたしたちのなかに必要なものとされて生きてきたのは、そういうどこにでもあるものを自分が読むことによって、あるいは自分が書くことによって、特別なものにしてゆくという方法としてのメディアだったためです。

本というのは、ただ本というだけではありません。本という文化を育んできた人間が、そこにいる。本のあるところ、つねに人間がいる。それは、友人としての本という感覚、感じ方が、じつは本の文化というものをつくってきたのだ、ということです。本というのは、そこに書いてあるものを理解するというだけのものではありません。にもかかわらず今は、人間が背中をなくして前のほうだけをむいて生きているような苦い感じが、つよくなっていないでしょうか。

再読は友情の証

けれども、本の文化のなかでいちばん重要なことは、じつは、今まで述べてきたことなのではありません。本の文化がこれほど長い間つづいてきたのには、じゅうぶんな理由があります。

本について語られる言葉のおおくには、すくなからぬ嘘があります。誰もが本についてはずいぶんと嘘をつきます。忘れられない本があるというようなことを言います。一度読んだら忘れられない、一生心にのこる、一生ものだ、という褒め言葉をつかいます。こんないんちきな話はありません。人間は忘れます。だれだろうと、読んだ本を片っ端から忘れてゆく。中身をぜんぶ忘れる。覚えているのはただいさっきの小川のかがやきぐらいというのが、ほんとうです。読んでしばらく経ってから、これは読んだっけかなあというような本のほうが、ずっとたくさんあるはずです。

本の文化を成り立たせてきたのは、じつは、この忘れるちからです。忘れられない本というものはありません。読んだら忘れてしまえるというのが、本のもっているもっとも優れたちからです。べつに人間が呆けるからではないのです。読んでも忘れる。忘れるがゆえにもう一回読むことができる。そのように再読できるというのが、本のもっているちからです。

ですから、再読することができる、本は読んでも忘れることができる。忘れたらもう一回読めばいいという文化なのです。また忘れたらさらにもう一回読めばいい。本というのは読み終わったら終わりではないのです。図書館という大きな建物があって、図書館には本があるのは、一回読んだらあとは捨てるためにあるわけではありません。読んでも読んでも忘れる人間のために取っておくしかないから、図書館は必要なのです。

自分の本棚に置く本も、そうです。一度つかったちり紙を取っておく人は、まずいない。でも本は、一度読んでも取っておく。なぜか。忘れるからです。その本がそこになくなれば、読んだことだって忘れてしまいます。その忘れるちからのために、本を取っておく。取っておくために、もう一度読む。このもう一度読むということが本の文化にとって抜き差しならないほど大事なものなのだ、ということを考えるのです。

そうすると、本の文化というものを自分のなかに新鮮にたもってゆくために、つねに必要なことは、そういう再読のチャンスを自分で自分にあたえてやる、ということです。あの本をまた読もうかなと思いだしたときに、読む。読んでないまま取ってある本もあるけれども、そうではなく、読んで忘れた本に再読のチャンスを自分であたえることで、読書という経験を、自分のなかで、絶えず新しい経験にしてゆくことができる。

人生の習慣をつくる読書

正月がくるたび、ある本を読むと決める。それだけでも、心の置きどころができるのが、本です。たとえば、教会というのは、聖書という本のある場所のことです。教会に行って、聖書を開いて、読む。毎回読む。何度もまた読む。毎日曜日、教会に行って、何度も何度も読んだ聖書をまた開いて、読んでゆく。再読という習慣がもっとも大切な行為として、信仰のなかにたもたれています。

再読は、忘却とのたたかい方でもあれば、必要な言葉を自分にとりもどす方法でもあるのです。本の文化を自分のものにできるかどうかの重要な分かれ目は、その再読のチャンスを自分のなかに、生活のなかに、日常のなかに、自分の習慣として、人生の習慣としてそれをつくってゆくことができるかどうかだと思うのです。

生まれたところから離れて暮らして、そのあと過ごしたところの方がずっと長くなっても、生まれたところに対して、ずっと故郷という愛着をもちつづけるように、親しんだ本を再読するときには、そこに帰郷したような感覚をもちます。たとえまったく覚えていなくても、しかしこれは自分が呼吸した空気である、言葉であるということを、よみがえらせてくれる本があります。そういう本の記憶をどれだけ自分のなかにもっているかいないかで、自分の時間のゆたかさはまるで変わってきます。

本の文化は、技術の文化のように、新しさや最先端がすべてではありません。今ある時間にむきあえるもう一つの言葉をもつことができなければ、そのもう一つの言葉の側から今という時間を新しく読みなおしてゆくということはむずかしいし、そのためにたずねられなければならないのは、もう一つの言葉をもつ、自分にとっての友人としての本という、本のあり方です。どの本がよい、というのではなく、本が自分の友人としてそこにあるというあり方を、自分たちの時間のなかに不断につくってゆく方法を育んでゆくということが、今、わたしたちにはとても大事ではないでしょうか。

何もかもどんどん新しくなってゆくときには、ともすれば新しさの方にばかり気もちが走って、もう一つの時間を自分のうちにたくわえることの大切さが、ともすればなおざりにされます。そのようなとき、今はまさにそのようなときですが、自分がすっかり忘れてしまっている大切なものをはっきりと思いださせてくれるものとしてあるのが、思うに、本という人間のもっとも古い友人です。

読書というのは、「私」を探している本に出会うという経験です。どんなときも、わたしたちにとって、未知の親しい友人である本。――のぞむべきは、本は「私」の友人、というあり方でなく、「私」は本の友人、というあり方です。

2　読書のための椅子

どんな椅子で本は読むべきか

読書というのは書を読むこと、本を読むことです。読書に必要なのは、けれども本当は本ではありません。読書のためにいちばん必要なのが何かと言えば、それは椅子です。

本を読むとき必要なものとしていちばん最初に求められるのは、どういう本を読むかだと、普通は考えられています。しかし、実際は違います。本を読むときに自分で自分にいちばん最初にたずねることは、その本をいつ、どこで読むか、本を読む場所と時間です。それが、その本をどんな椅子で読むか、ということです。

本について語られるとき、まず言われるのは、何を読むかです。何を、つまりソフトウェアが問われる。電気製品や自動車を求めるのだったら、まず考慮されるのは、機能です。まずまっさきにハードウェアが問われる。なぜ読書の場合、最初にハードウェアが問われないか。本はソフトウェアです。それもぬきんでてゆたかなソフトウェアです。そうであるにもかかわらず、そのゆたかなソフトウェアをどこで、どうやって活かすべきか、読書をめぐるハードウェアがあまり問われることがないというのは、不思議です。

読書のハードウェアというのは、どういうことか。本を飛行機で読む、電車で読む、部屋で読む、図書館で読むというふうに、本を読むときには、かならず本を読む場所と時間が係わってきます。歩きながら、自転車に乗りながら、読むことはまずしない。自動車を自分で運転しつつ、本を読みふけることはありません。サッカーでボールを蹴りつつ、スキーで滑降しつつ、本は読みません。何もしていないときに読むのが、本なのです。それだけに、本を読める機会と場所というのは、とても限られています。

しかも本をきちんと読めるだけの空間が、どこにでもあるわけではありません。家の場合、本は本棚にしまいます。本棚は窓の前や、部屋の中央にはまず置かない。本棚を置くには、壁面が必要です。しかも壁面をたくさんつくれば、住まいの開放感はせばめられます。壁面をすくなくし、空間をさえぎらないようにする住まい方を求めれば、結果するのは本棚のない、本のない空間です。

もともと日本の家の本棚は、つくりつけはほとんどありません。壁にそわせて置く。そのうえ壁のてっぺんまで、棚がないのが普通です。とても不安定な家具なのです。

そのうえ本以上に重くて厄介なものはなく、しかも燃えやすく、濡れたらおしまいです。ですから地震や火事にもっとも脆い家具が、本棚です。自動車も電話もラジオもTVも飛行機もなかったときも、本棚はすでにありました。それから今まで、生活をめぐるハードウェアがことごとく一変しても、棚に本を入れるというだけの本棚は、ほとんど変わらなかった家具です。技術革新も、何もありません。

世の中を変えてきたのは、日々の時間や空間を自由にするための、さまざまなハードウェアの充実でした。そう考えれば、今、読書の魅力そのものをも削いでしまっているのは、読書をめぐるハードウェアをもっと魅力的にしようとする気もちのなさだと、そう思うのです。だからこそ大事なのは、その本をどんな椅子で読むか、ということです。

本の耐用年数は？

本というのは、いちばん古いメディアです。パピルス以来のとてつもなく長い歴史を経てきたメディアです。しかも人間が本に求めてきたものは、その間ちっとも変わっていない。本質は何も変わらず、これほどつづいたメディアはほかにありません。

いちばん新しいものがいちばんすすんだメディアであるというのが、今日のメディアのあり方ですが、この一〇〇年のレコードだけを考えても、この一〇〇年ほどの変化はにわかに信じがたいのです。グラモフォンと名づけられた平たい円盤のレコードがつくられたのは、エディソン、ついでベル兄弟による円筒形の蠟管の蓄音機が世にでてすぐの、今から一〇〇年ちょっと前。日本にレコード会社ができるのは二〇世紀にはいってからですが、長くSPの時代がつづいて、第二次世界大戦後、33回転のLPがでて一変します。

それからステレオになり、ハイ・ファイになり、カセット・テープがゆきわたり、さらにレコードが完璧を極めたかというとき、CDがでてきて、すべて引っくりかえった。そのCDをさらにMDが追いかけるというふうに、どこまでも新しさを求めてきたレコードですが、近代技術の申し子のレコードの泣きどころは、あまりに急速に変わってゆくために、いままでのレコードが、逆に、どんどん聴けなくなってゆくこと。CDプレイヤーでLPは、MDプレイヤーでCDは聴けません。

二〇年前や三〇年前の洗濯機をだれもわざわざ求めないように、どんどん工夫が加えられ新しくなればなるほど、ハードウェアの耐用年数は反対に非常に短くなります。壊れればそれまでというのが、新しいハードウェアです。ところが、本というのはどうにもならないというか、とにかくハードウェアの変化が、百足《むかで》の足に一足ずつスニーカーを履かせているのかと思うくらい、のろいのです。そのかわり、その代償のように、耐用期間というか、使用時期というか、食べ物なら賞味期限というか、それはおそろしく長い。

どんなに古いぶどう酒でも、本ほど古いぶどう酒はありません。二〇世紀の、特に終わり近くになってからどんどん加速的にすすんだようなハードウェアの変化は、毎年毎年の新酒のぶどう酒みたいなもので、次の年には忘れられていきます。

本は、二五〇〇年前の本を、今でも読むことができます。たとえば、プラトンのような人のことを考えてみても、読もうと思えば、だれでもプラトンは日本語で読めるのです。二五〇〇年前の本が、今も日本の街の書店にあります。そして読めば、二五〇〇年前のアリストファネスのしゃっくりだって聴こえるのです。

あるいは、聖書です。聖書というのはとてもおもしろい本で、章と節にきちんと分けられて、番号がついています。その番号にみちびかれて開くので、番号は当然と思っていますが、もともと聖書には章や節の番号なんかなかった。一六世紀も半ばになって、はじめて番号で書かれるのが当然になったらしいのですが、番号がひろく使われるようになってから、実際にそれがちゃんと聖書に書き入れられるまでは、なんと一〇〇〇年以上の時間がかかったと言われます。引用されるための本が聖書ですが、引用に番号が付されるようになるまでも、実に四〇〇年を経ているとされています。

四〇〇〇年から一〇〇〇年以上もの、非常に長い時間をかけて、一冊の本のハードウェアのあるべきかたちを整えてゆく。本というのは、いちばん単純なメディアのように見えて、そのような長い時間をかけて、ゆっくりとつくられてきたメディアなのです。そうした一冊の本のもっている時間のなかへ、読書というのは入ってゆくのです。

本を読むための椅子

そこで、ふたたび考えるのは、わたしたちはどんな本をどんな椅子で読んでいるだろうか、ということです。

ずっと横にして置く和綴じ（和装本）の本だった日本の本が、今のように固い表紙をもって縦に立てておく本（洋装本）になったのは『西国立志編』という本からだったと言います。おもしろいことに、その本がでたのはエディソンの最初の円筒蓄音機がつくられたのとおなじ明治十年（一八七七年）だったのですが、それはおそらく、椅子がこの国の人びとの日常具になってゆくのと平行しています。和装本の時代には、勉強でも畳に座ってする勉強でした。洋装本の時代になって、椅子に座って勉強するようになる。

本の読み方と椅子の座り方とは深く係わっています。椅子が日常具になって、まだ一〇〇年ちょっとくらいしか歴史のない日本の場合、椅子は家具として、まだまだ未熟な家具にとどまっています。本一冊手にして読むときの椅子に、どういう椅子が考えられるでしょうか。ソファでしょうか。デッキチェアでしょうか。それとも事務机の椅子、もしくは勉強机の椅子のような椅子でしょうか。パソコンなどのデスク・ワークのための椅子は、読書のための椅子でしょうか。

公園にはベンチがあります。ベンチがわたしは好きですが、異国でベンチに座ると、ベンチが違うのにびっくりします。高さ。奥行き。背もたれのカーヴ。手すり。座ったときに目のとどく距離。ベンチのある空間。ただ通り過ぎてしまうと気づかないけれども、座ってみるとそれぞれの国で、ベンチは全然違います。その違いはたまたま違うのでなく、たぶん椅子の歴史の違いなのでしょう。

椅子の歴史の違いは、椅子の使い方の違いです。座り方が違うのです。本について言えば、座り方なんか関係ない、本はどこでも読める、読むもの椅子を選ばずというのは、強弁です。椅子が使われるようになる以前は、文机や書見台という読書のための洗練された家具がありましたが、椅子を使う生活が中心になった今も、これが本を読むために最良の椅子だ、これが自分にとっていちばんいい椅子だと言えるような椅子が、わたしたちの日常の光景のなかに普通にあるとは、まだ言えません。

ほとんどの椅子はクッションを必要としますが、わたしが個人的にもっとも好きなのは、北米のコネティカット州でつくられた木の椅子で、木の椅子でもまったくクッションを必要としないよう、たくみに窪みをもたせた椅子で、何時間座っていても疲れません。どんな人も、それがクッションのない椅子であることさえ意識しないのです。いい椅子かどうかというのは、その椅子が長時間座って疲労しない椅子かどうか、です。

ジョージ・ナカシマという世界に知られた椅子つくりのこしらえた、本を読むための椅子があります。むだのない手づくりの木の美しさが息づいているのがナカシマの椅子の特徴ですが、本を読むための椅子というのは、そのじつは片側だけに肘掛けのあるラウンジ・チェアです。印象的なのは、その椅子の腰掛けの板のデザインで、左右に浅く開いた窪みはちょうど本の見開きのように見えることです。

本当は、本を読むための椅子としてつくられた椅子ではないのかもしれませんが、ナカシマのその椅子は、本を読むための椅子という夢を誘う椅子で、わたしはずっと、その椅子は本を読むための椅子としてつくられたと思っていました。本を読むためにつくられた椅子というのが本当にあれば、本との付きあい方は違ってきます。椅子は本来そういう働きをもっている日常具だからです。

教会には教会の椅子があります。それはいかにもこの椅子でなければ、教会という空間にふさわしくないような椅子です。自動車には自動車の椅子があります。それはまったくそのような椅子でなければ、自動車を走らせるのにたいへんだろうというふうに考えられた椅子です。それとおなじと考えるなら、読書のための椅子がないのは、むしろおかしいのです。しかし、書斎を家につくった、あるいは自分だけの部屋をもっているというような人でも、本を読むための椅子を、ベンチでもいいけれども、そういう読書だけが目的の椅子を、とても使いやすい椅子としてもっているということは、まずありません。

本の時間・人生の時間

長い時間をかけて本を読めるだけのいい椅子を、わたしたちはまだまだ手に入れていない。日本の場合、勉強机と椅子しかないために、読書は楽しみでなくて、勉強になってしまっていて、本を読もうとすると、前屈みになって机にむかう姿勢になるのですが、それは本を読む、気もちのいい姿勢とは言えません。読書が勉強でしかないというのは、本を読むための椅子をまだもっていないことの、当然の帰結と言っていいのです。

晴れた日に公園のベンチに、本を読んでいる人を見かけることも、ほとんどありません。西欧では、街の公園のベンチで本読む人を、かならずと言っていいほど目にします。芝生があれば、芝生で新聞を読んでいます。草上の読書の光景は、西欧の街の親しい情景の一つですが、晴れた日に大きな公園にたくさんの人が出るようになっても、わたしたちの街でベンチに座って本を読む人を見ることは、まだまれです。

わたしたちは本を読むことが、もともと非常に好きだったはずなのですが、今のわたしたちの日々の生活の、いろいろな局面をぜんぶ考えてみても、本を読むためのハードウェアはむしろどんどん乏しくなってきているように見えます。本を読むということは、本を読むための時間や場所をつくるということなんだと、今はきちんと意識されていないのです。その意識が剝げ落ちているということが、どうも暮らしの風景を魅力的にしていないということを考えるのです。

今は、時代の物差しは、若さを目盛りにしています。まだ若い、あるいはまだまだ若いということが、よいこととされますが、わたしたちの前に待っているのは、昔の人より桁違いに長い人生です。かつては学校を卒業したら、それから三〇年か四〇年の人生を考えればよかったのです。今は学校を出ても、これからあと八〇年近い人生を考えなければいけないかもしれません。わたしたちを待ち伏せしている人生の時間が、とんでもなく長くなっています。うかつに、歳もとれなくなっているのです。

一〇〇年前、人生五〇年と言われた時代には、どんなことをするのにもとんでもない時間がもったいないぐらいかかっていました。自動車がなかった。飛行機がなかった。どこへゆくのにも、今から考えればとんでもない時間がかかっています。それがあっという間に、どんどん速くなった。新幹線ができた。かつては動くことだけではなくて、何をするのにも、どこへ行くのにも時間を考えなければならなかったのです。いろいろなことをするというのは、時間のかかることをあえてすることでした。漬物には、季節が一つ必要でした。人生は短かったときに、何かするのに、それだけ長い時間が必要でした。ですから、退屈する前に、時間は過ぎたのです。

昔なら一泊か二泊を要したところへ、今は日帰りで行って帰ってくるということをしている。そんなに時間を惜しんで、物事を急いでして、しかも昔の人の生きたのよりもその二倍に近いような、長い長い人生を送らなければいけないとしたら、時間がむしろ負担になってくるかもしれません。便利になって、時間がどんどん節約されてきた。ところが、一生の時間の方はどんどんと長くなった。そうすると、どういうことになるでしょうか。使わない時間、もてあます時間、何もしない時間、極端に言うと、何をしていいのかわからない時間がどんどんふえてくる、ということです。

わたしたちの人生は、先に途方もない時間が待っている人生です。そうしたことを考えるときに、ますます重要になってくるのが、わたしの考えでは読書です。わたしたちの人生に否応なく割り込んできてしまう、この途方もない長さの時間に、じゅうぶんに耐えられるだけのソフトウェアをもっている、それどころかどんなに一生ぜんぶを使っても絶対に使い切れないほどソフトウェアをもっているのは、本しかないからです。なにしろ本というソフトウェアは、一〇年や三〇年の産物ではないのです。すくなく見積もっても、二、三〇〇〇年かけてつくられつづけているのです。

本と付きあう法

たとえば、大学に行って、大学の誇る図書館で、その蔵書をどれだけ読むでしょうか。がんばって読んだとしても、一人一〇〇冊あたりも読むでしょうか。とすれば、大学が誇るすばらしいよい図書館とは、ほとんどだれも読まない本がたくさんある図書館のことです。実際に読むかもしれない一〇〇冊ぐらいしか本がない図書館は、図書館とはよばれません。本は非常に不思議なのです。使わない洗濯機や、使わない自動車がたくさん並んでいても、役に立たないのです。本は別です。だれも図書館のない大学には行きたいとは思わないでしょう。しかし実際に入っても、図書館の本をほとんど読まないで卒業するでしょう。

本を読まない時代がきたとしきりに言われていますが、それは違います。本は読まれないことによって価値があるのです。読まないことによって、本を読まない人びとは、本の世界にいちばん深く関与していることになるのです。読まなければ読まないほど価値があるのだという、不思議な二、三〇〇〇年を、本は生きてきたわけです。

本など読まなくてもいいと思う人がすくなくなくても、それでいいのです。本というのは読まないことによって、あるいは読まれないことによって、むしろ未来を得てきたのです。図書館という読まれない本を大事にする空間が、社会にとってなくてはならない場所となってきたのは、そのためです。本という二、三〇〇〇年のメディアがなければソフトウェアが間に合わないのが、わたしたちにとっての歴史です。

社会のハードウェアをものすごく進歩させてきたさまざまな技術によってもカヴァーできないものが、本の世界にはあります。便利な技術は経験の省略をもたらしましたが、経験の省略によって、経験によってしか得られない知恵がどこかにすっとんでしまったために、わたしたちのあいだには社会的な空白が生じています。その空白を埋められるものを求めようとすれば、求めるものはきっと本の世界に見つけられるはずです。

こう言うと、きまって訊ねられるのは、「それはどういう本か」ということです。読書について話すとなると、きまって、「こういうよい本がある。こういう本を読むべし」ということを期待されますが、そのような質問くらい、よくない質問はありません。読書について、「どういう本を読んだらいいのか」という質問は、じつは不要な質問なのです。よくない質問によい答えはないのです。

本は探してもないのが、むしろ当たり前だからです。書店にあれほど本があって、本がないというのはなぜかと思われるかもしれませんが、今、目の前にある本は、たまたま目の前にある本というのにすぎないのが本の世界であり、それだけに大事なのは、自分で本と出会うということであり、自分で本を探すということであり、そうして自分で読むということです。バイ・ユアセルフ、バイ・マイセルフが、唯一のルールです。

自分で探すことができなければならないというのは、技術の優先はとかくソフトウェアの充実を後まわしにしがちだからです。そのために、後になってふりかえったら、あんなにソフトウェアのすくない時代を過ごしていたのかと思うようになるだろうというのが、今の時代かもしれません。今、わたしたちの目の前で起きているのは、目の前に何がないか、なくなったかを、よく考えないといけないような変化です。

変化する読書のハードウェア

技術の変化がもたらした大きな変化を、わたし自身が実感した典型的なケースは、レコードです。少年時代にロックンロールの登場を経験し、そののちビートルズとボブ・ディランの登場を経験した、そしてまた、それはジャズの黄金時代とよばれた季節でもあったために、わたしにとって取り替えのきかない経験になったのは音楽、それも音楽を聴くという経験です。

音楽を聴くというのは、すなわちレコードで聴くということでした。けれども、技術の成果におおきく影響されるということでは、レコードほど極端なケースはすくないでしょう。

ずっとレコードを聴いてきて、そして大学をでて二〇年ほどしたとき、突然レコードの世界はもう終わりだとされました。それまでにレコードを二〇〇〇枚ほどもっていましたが、それがレコードのプレイヤーも、レコード針ももうつくらないという羽目になった。二〇〇〇枚のレコードも、レコード針がなければ聴けないので、最後の針を買いだめまでしますが、結局、その後はほとんどCD（コンパクト・ディスク）が中心になりました。

言うは易しですが、レコードで音楽を聴いてきたそれまでの自分と手を切るのですから、苦痛がのこります。しかし、CDをつくりだしたデジタル技術が、それまでのレコードの世界ではできなかった、古い音源の再生といったソフトの飛躍的な充実を短期間で可能にしたこともあって、ハードウェアの変化をひろく定着させるのは、最終的にはソフトウェアがどれだけ魅力的で、充実したものになってゆくかに懸かっているというのが、聴くという経験の変化を前むきにすすんで受けとめてきた、一人のささやかな感想です。

それでも、CDによって一旦は滅んだように思えたレコードもまた、息を吹きかえします。音質が好まれてということにくわえ、LPというレコードのソフトのもつ独特の魅力を、すべてCDによって取り替えることはできないということもあります。しかし、それ以上に、そのとき経験したことというのは、人びとのうちにある懐かしさを、確かなものとしてのこすからです。わたしの場合、聴くのは今はほとんどCDですが、レコードのおくはそれぞれのレコードのジャケットへの愛着もあって、そのままです。

読書のこれからを考えるとき、忘れないようにしたいと思うのは、そうした音楽を聴くということでよくよく味わった思いです。本の世界もまた、技術の変革にさらされています。新しい技術は、困難なものを容易にし、時間をできるかぎり短いものにしようとします。読書の環境も変わりました。おおきく変わったのが、読書のハードウェアです。

本を読むのにもっとも重要なハードウェアの一つは自分の目ですが、目が使えないと、どこでもいいというしかたで本を読むことがむずかしくなります。

わたしは電車のなかで本を読まないのです。以前、新幹線で京都から東京にもどってきたとき、たまたま英語のペイパーバックをずっと読んでいた。それはとても細かな活字でぎっしり組まれた五〇〇頁ぐらいあるメアリ・ウェルシュ・ヘミングウェイという人の『How It Was』という本だったのですが、東京駅に着いてホームに降りたったら目がまわって、思わずうずくまりました。それ以来です。そんなふうに、自分の身体というもっとも身近なハードウェアだって、ある日突然、思うように使えなくなります。

読書のハードウェアというものが、どれほど読書という個人的な経験を左右せずにいないか、ということです。どんなときもわたしたちを待ちかまえているのは、時間です。そしてたぶん、わたしたちの祖父母が経験したよりもずっと、とんでもなく長い人生の時間が、わたしたちを待っています。

そのような時間をどうやって自分に引き受けてゆくかということと、これからどんなふうにしてわたしたちは本と付きあってゆくかということは、おそらく別のことではないとわたしは思っています。

椅子で人生が変わってくる

椅子の話にもどりますが、本を一冊読もうと思ったら、その本をどの椅子で読もうかと考えられるなら、いい時間をきっと手に入れられるだろうと思うのです。「その椅子でその本をぜんぶ読める」ような椅子を見つけられるかどうかで、人生の時間の景色は違ってきます。座り心地のいい椅子がくれるのがいい時間であり、座り心地の悪い椅子がくれるのは悪い時間です。そう決めて間違いでないのが、椅子の秘密です。

この本をどの椅子で読もうかと考えて、そこから自分のことを考えてみる。これからそういうことが、とても重要になってくると思います。

本を読むのに必要なのは、勉強部屋や研究室のような部屋でしょうか。それとも、書斎や別荘といった別あつらえの場所でしょうか。違うと思うのです。そうではなく、たとえば大きな図書館に指定席のある閲覧室をつくる。そして、その閲覧室の椅子を座席指定にして、一年なら一年契約できるようなチケットをつくる。利用したければ、閲覧室のその椅子の権利を買い求める。そういうような方法がもっと考えられるべきです。

現在行われていないけれども、昔はあったのです。二〇世紀の初めのころの大阪に、府立図書館がつくられます。そのときその図書館では、閲覧室の椅子は予約制で、行ってチケットをもらうと椅子を自分専用にでき、そこへ行って自分の椅子で、本を読む人たちがすくなからずいたと言われます。そういう椅子がかつて街の図書館にあり、そこへ出かけていって、本読む人たちがいた。

そういう椅子のあり方というのが、本当はとても重要だろうと思うのです。かつてジャズ喫茶とよばれたコーヒー屋があちこちの街にあり、聴きたいレコードをリクエストできるジャズ喫茶には、長い時間座っていられる椅子があり、座り心地のいい椅子だったとは言えないけれども、そこにはレコードに聴き入ることのできる時間がじゅうぶんにあったことを思いだします。欲しいのは、椅子の自由を一つ手に入れることで、心が開けてゆくような椅子です。

本を読むならば、深呼吸するように本は読みたい。そして、本を読んで人生の深呼吸ができるような場所があるとすれば、それはいい椅子の上だということです。そのように、自分のための椅子を見つけることができれば、いい本を読む、あるいは本を読んでいい時間を手に入れることができるだろうというふうに思うのです。

これが自分の椅子だ。これが自分にとっていちばんいい椅子だ、この椅子に座っていれば、たとえ本を読まなくて膝の上に本を置いて居眠りをしても楽しいという椅子にめぐりあえれば、人生の時間の感触はきっと違ってきます。

自分の椅子を自分で手に入れる。どんな椅子でもかまわないのです。それが自分にとって自分の椅子と言えるものであれば。そうすれば、ミュージシャンが自分のギターを手に入れることによって自分の音楽を手に入れるように、本読む人も自分の椅子を手に入れたら、自分の読書を手に入れることができるかもしれない。

いい椅子を一つ、自分の日常に置くことができれば、何かが違ってきます。その何かが、じつは、読書というものが、わたしたちにくれるものなのです。そうすれば、それぞれの人生の過ごし方はずいぶん違ってきます。たとえば、いい膝掛けがほしくなる。あるいは、空を見たくなる。

本というのは、本を開いて読めばいい、読まないうちは本を読んだことにならないのだということではないのです。本は読まなくてもいいのです。しかし、自分にとって本を読みたくなるような生活を、自分からたくらんでゆくことが、これからは一人一人にとってたいへん重要になってくるだろうと考えるのです。

どういう本を、どういうふうに、いつ読むかということは、それぞれがそれぞれに考えることでしょうし、本屋に行っても、どの本にしたらいいかとまどうということもあるかもしれません。椅子を探すといっても、家具屋にゆけばそこにあるというわけではありません。けれども、本屋に寄る時間や、家具屋で椅子をのぞく時間を、自分の一日のなかにつくるだけで、本のある人生の風景が見えてきます。

とりもどしたいのは、日常の中で本を読むというのはこういうことなのだという、今はともすれば失われがちな実感です。そのためにも、深呼吸として、本は読みたい。わたしはそう思っています。

3　言葉を結ぶもの

そして「みなおなじ」になった

どこへ行っても、みなおなじ。今はどこへ行こうと、日本のどこもおなじ表情をもつようになりました。新幹線の駅は、どこもそっくりおなじです。空港もそうです。どこもほとんど変わりません。街の光景もそうです。おなじチェーン・ストアがあり、おなじブランドがならび、おなじファストフードがあり、おなじ食べ物があります。コンビニエンス・ストアは、商品だけでなく、店構え、看板、明るさ、応対、サーヴィス、すべてが金沢のコンビニエンス・ストアも、釧路のコンビニエンス・ストアも、鹿児島のコンビニエンス・ストアもおなじです。どこも差がない、どこもおなじであることに、その価値があります。場所が違い、土地柄が違い、地方が違えば、違った生活があるのではありません。あちらで食べているものは、こちらで食べているものとおなじです。

お正月には雑煮を食べます。雑煮はかつては、それぞれの土地でまったく違った流儀をもった料理でした。北海道の雑煮と東京の雑煮、関西の雑煮と薩摩の雑煮は、それぞれに全然違った食べ方をして、当然だったのでした。今はおなじ雑煮が、正月のどの街のコンビニエンス・ストアにもならびます。

それが普通である。だれもそう思うのが普通で、そう思うこともみなおなじです。しかし、みなおなじ風景を生きているという暮らし方は、わたしたちの以前の暮らし方とは違っています。今までとはまったくと言っていいほど違うしかたで、わたしたちは今を暮らしているのですが、当事者であるわたしたちは、そのことをそれほどつよく意識していないように見えます。

震災や水害などの思ってもみない災害が発生する。あるいは、考えもしない緊急な事件に遭遇する。そのようなとき、その状況を知ることがもっとも困難なのは、まさにその状況に巻き込まれた、現場の人びとです。自分がそこにいるのに、そこについて自分がもっとも知らないのです。それが当事者であることの大変さだということを、もっともよく教えてくれるのは、大震災や大事件が起きるたびごとの、TVの実況中継などです。報道のこちら側にいるものにわかることが、その状況の渦中にいたらとてもわかりにくい。

それを現在に置き換えるなら、自分が生きている現場のことをいちばん知らないのは、みなおなじである今のわたしたち自身かもしれません。みなおなじであるはずなのに、わたしたちが目の当たりにするのは、しばしば社会のみせる戸惑いだからです。

たとえば、ベストセラーがのこす逆説です。『放浪記』という本があります。それは昭和の初めにでて、発売してすぐに四〇万部近いベストセラーになり、その後も読まれつづけて、だれもが知る本になります。今はどうでしょうか。二〇〇万部、三〇〇万部を超えるミリオンセラーになる本がありますが、ほとんどは急速に読まれなくなり、昨年のベストセラーは今年はもう読まれないのが普通です。そして、それほどのベストセラーがある一方で、今は本が読まれない時代だと言われるようになっています。

歌もおなじです。メガ・ヒットの時代となった今は、四〇〇万枚、五〇〇万枚売れる歌があります。ところが、それほどヒットしていても、その歌がどこでも聴かれるということがなくなっています。かつて歌は一〇万枚ぐらい売れたら、その歌がどこでも聴かれ、だれもが知るような歌になった。ところが、一〇〇万枚を超えるメガ・ヒットの時代になったら、世代を超えて知られるような歌がほとんどなくなった。

言葉は違いを表すものである

みなおなじになり、みなおなじ本を読み、みなおなじ歌を聴いているはずが、逆に、分かちあえるものが何もなくなっているように感じられるのは、みなおなじ社会のあり方、文化のあり方が、そのなかにいるわたしたちには見えないためです。

自分自身のありようが見えていないのが今のわたしたちですが、それほどわたしたちは、みなおなじという今の時代の当事者にすっかりなりきっています。

今日のように、アウトサイダーのいなくなった時代は、かえってむずかしいのです。そのむずかしさは、だれもがみなおなじなかで、ではおたがいに違うものは何かということをどう感じとり、どう自分のなかに受けとめてゆくことができるかというむずかしさです。

冬にはだれもがマフラーをします。マフラーというのは結び方が肝心で、たとえみながみなおなじマフラーをもっていても、その結び方、身につけ方で、印象がまったく違ってくるのがマフラーです。おなじマフラーでも、おたがいの印象をまったく違えるのは、その使い方、結び方です。マフラーはさまざまな結び方をもっていて、はやりの結び方があり、野暮な結び方があり、きれいな結び方があり、見ていいなと思える結び方があります。結び方次第で、気分も違います。

生活全体のなかで考えるなら、そのようなしかたでおたがいの違いを表すものがあるとすれば、それは「言葉」です。

みなおなじということで言えば、わたしたちは、この日本というところで、方言やアクセントやさまざまな違いはあっても、ほぼみなおなじような日本語を話しています。しかしおなじ日本語を話すわたしたちは、みな違う日本語の経験のなかで育っています。

みなおなじにもつもののなかから、個性が出てくる。その個性の違いを光らせるということを、言葉を使って、わたしたちはずっとやってきたのです。

それが今になって、みなおなじということばかり意識されて、そこからおたがいの違いが出てくるということのほうが、そして違うということ、違ってゆくということが、本当はどんなに大切なことかということのほうが、あまり考えられなくなってきているとすれば、それだけ、言葉のちからというものが、今は大切なものとして省みられていない、ということです。

「私とはだれなんだ」という問い

みなおなじという今日のわたしたちのありようを考えるときに、そのちょうど反対側には、それぞれの違いをつくってゆく、自分というものを独自にしてゆく、そのためにもっとも大切なはずの言葉をわがものとしてゆく志向が薄れてきているということがある。そう思うのです。

みなおなじということがおおきな意味をもつようになった今、一人一人の生き方を社会的に特徴づけるものになっているのは、寿命です。以前にくらべ、日々のありようを飛躍的に変えてきたのは、だれもがたくさん歳をとっても、生きるようになったということです。それでいて、一方ではスポーツや芸能や音楽などがそうであるように、一〇代で最前線、二〇代で引退というふうなことが、当たり前のようになっています。

言いかえれば、早く老人になり、しかも長生きしなければいけない。二〇歳で引退したら、人生一〇〇年とすれば、八〇年引退したまま生きなければいけない。三〇歳で引退したら、引退してから七〇年生きなければいけない。四〇歳まで頑張っても、引退後になお六〇年生きなければいけません。

夏目漱石は五〇歳になるまえに世を去っています。今は世の中が全然違います。二〇歳で引退して八〇年別のしかたで人生を生きるというふうなおおきな変わり目に、今はきているのです。しかもこの世の中は、だれもみなおなじで、だれかが飛び抜けているという時代ではなくなっています。

進化するテクノロジーがつくりだしてきたのは、ひとしなみの世の中でした。しかしみなおなじ世の中になればなるほど、ますます厄介になってくるのは、では「私」というのはだれなのか、ということです。

そっくりおなじ生き物をつくることができるという考え方に立って、クローンのようなものがつくられて、不思議ではなくなっています。大量生産、大量消費を可能にしたこの時代のゆたかさを築いたのは、みなおなじものをいくらでもつくれるという考え方です。

複製の時代、複製が文化である時代が、今という時代です。わたしたちが情報の名でよんでいるのは、おなじものをいくらでもつくれるコピーのことであり、コピーというのは、いろいろなものをみなおなじにしてゆく、おなじものをたくさんつくるという考え方を実現したものです。

みなおなじである状況を、みな平等に、だれもがおなじようにつくりだせる状況が、大波となって打ち寄せてきて、「私」でなければいけない、「あなた」でなければいけないというものがなくなったという時代の波打ち際にあって、「私でなければいけないものは何か」ということが、これからは一人一人にとっての重要な問題に、というか、難問になってくるだろうと思うのです。

言葉のなかに生まれる

みなおなじという世のありよう、人のありようをつくりあげてきたのは、人間です。しかし、おなじであっても違うのです。みなおなじであっても、何が違うのかというそのことを考えるいちばんの手がかりは、人間がつくってきたものであって人間をつくってきたものである、言葉です。

二〇世紀に、ユーゴスラヴィア連邦共和国という国がありました。ユーゴスラヴィア連邦は、第一次世界大戦後にできた統一国家で、連邦をつくった国の一つにスロヴェニアという国があります。アドリア海に面した、イタリアのすぐ隣にある国です。知以前、アメリカでわたしは、そのスロヴェニア生まれの物書きと知りあいました。知りあったとき、その人はユーゴ連邦の人でしたが、生まれたときのユーゴは王国。第二次世界大戦後は社会主義をかかげる連邦人民共和国になりますが、九二年にスロヴェニアは、連邦から分離し独立します。しかしその人は、スロヴェニアが分離独立する前に、ユーゴからメキシコに亡命にちかいかたちで、どうやら国籍を変えたらしい。ですから、今はメキシコの市民のようですが、物書きとしては英語で書いています。

そういう人は、どこの人と言うべきなのでしょうか。はっきりしているのは、その人がスロヴェニア語のなかに生まれたということです。国は変わり、国籍も変わり、使う言葉も今は違う。そういった経験をもつ人ももうけっしてすくなくありません。

そのような経験がもたらすものを思いあわせるなら、国というより、どういう言葉のなかに、どういう母語のなかに生まれたかが、その人の出身、出自にほかならないでしょう。

たとえば母語という日本語や、マザー・タングという英語が、そういう言い方のうちに表しているのは、人間というのは、生まれつく言葉の子どもなのだということです。言葉は人間の子どもではなく、人間が言葉の子どもなのだということです。母なるものとは自分が生まれ育った言葉のことです。

わたしたちは日本という国に生まれたと思っていますが、そうではなく、日本語という言葉のなかに生まれたのです。肝心なのは、どの国の人かということより、一人一人がどういう言葉のなかに生まれ、どういう言葉によって育てられて、育ってきたかです。

言葉のなかに生まれるというのは、「初めに言があった」という、新約聖書の「ヨハネによる福音書」の冒頭の有名な一行を引いて言えば、人間より先に言葉がある、ということです。人間が言葉をつくるのではありません。言葉のなかに生まれて、言葉のなかに育ってゆくのが、人間です。

人間は何でもつくれると思ってきた。そしてみなおなじものをつくってきた。けれども、一つだけつくれなかったものがある。それが言葉です。

言葉のゆたかさと社会のゆたかさ

人間は言葉のなかに生まれてきて、言葉によって育ってゆくのだということに、みずからよくよく思いをひそめないと、人間はとんでもない勘違いをすることがすくなくありません。そのことに自覚的でないと誤るのです。物はゆたかになり、生活はゆたかになり、暮らしぶりも落ち着いてきて、ずいぶん不自由もなくなった。にもかかわらず、たった一つ、今の日本でゆたかでないものがあります。ゆたかでないものは何でしょうか。わたしたちにとって今いちばんゆたかでないものは、言葉です。言葉がゆたかでありません。

言葉というのは、人によって異なるものでなく、だれにとってもおなじものです。みなおなじということでは、言葉は平等なものだけれども、人と人を違えるのも言葉です。言葉をゆたかにできる人と乏しくしてしまう人とを、言葉は違えるからです。大事なのは言葉で自分を表現することだ、とだれもがそう思っていますし、そう言われています。言葉を人間の家来と見なせばそうですが、実際は違うのです。問われるのは、言葉で自分をどうゆたかにできるか、ではなく、自分は言葉をどうゆたかにできるか、なのです。

言葉のゆたかさというのは、たくさんの言いまわしをあれこれ揃えることではありません。美辞麗句は言葉のゆたかさを意味しないのです。そうでなく、むしろ限られた言葉にどれだけ自分をゆたかに込められるかが、言葉にとっては重要なのです。

言葉のゆたかさとは、どういう自分であるかを語ることができる、みなおなじなかでおたがいがどういう人間であるか、おたがいにどういうふうに違っているかをすんで語ることができる、そういうゆたかさにほかなりません。日常に普通にある言葉を、どのように使うか。言葉は、それがすべてだからです。

言葉というのは、言葉の使い方の問題です。自分がどういう言葉をどう使うか、その言葉のなかに自分をどう表してゆくか、それができるか、できないかが、これからは社会のいちばん重要な錘《おもり》となってゆくようになるのではないかと思うのです。

言葉は言葉がすべてではない

わたしたちにとっての言葉のあり方について、誤解をひろげてきた一つは外国語に対する考え方です。受け入れられやすいのは、ある国を理解したりその国の人と親しくするには、その国の言葉ができなければだめだという考え方ですが、果してそうでしょうか。

市民の一人一人の親しみのもち方というのは、実際には、しかしそういうふうではありませんし、ありえません。その言葉を知らない国に旅することはむしろ普通なことですし、たとえ国がおなじであっても、地方によって、それぞれの言葉がまったく違って、わからなくなっても当然だからです。

ほとんどの外国語は覚えることがまずないのが、普通です。言葉がわからなくてデンマークを旅する。言葉がわからなくてベリーズを旅する。そうであって、たった一つ、どんな国、どんな地方にも、共通するものがあります。身ぶりです。言葉の意味はわからない。しかし、怒っているか、笑っているか、悲しんでいるか、話したくないか、不機嫌か、おもしろくないかは、その場にいてわかるし、伝わります。笑顔は、笑顔です。

言葉がわからなければ、話せないのではないのです。どこの国でも、怒っているときには怒っているように話すでしょうし、「なんだこのやろう」というときは、イタリアでもカザフスタンでも「なんだこのやろう」という話し方で話すでしょう。「ああ悲しい」という思いを込めるときは、日本語を話す人もインドネシア語を話す人も、その思いを話し方に込めるでしょう。

言葉はわからない。しかしその人は、今悲しいのだと理解できる。言葉はその言葉のもつ意味だけでなく、その言葉のもつ身ぶりを表し、そして身ぶりはもとの言葉よりもずっとひろく共通の了解をつくりだします。

自分が表したいということを自分の言葉で話す。そうであれば、その言葉を知らなくとも、おたがいのあいだで、おおよそ伝わるものは伝わるし、伝えられるということです。何もかも理解しなければならないというのは、逆にしばしば避けがたい誤解を生みやすいのです。

外国の言葉について、その言葉をぺらぺら話せるようにならなければという尺度は、間違っています。英語は苦手中の苦手だという人が、初めてアメリカに行った。そして帰ってきたときに会ったら、感に堪えないというふうに、アメリカでは赤ん坊まで英語を話している、と言った。日本では英語を話せることは才能のように考えられています。しかしアメリカに行けば、赤ん坊だって上手に英語を話す。そう言うなら、スペインに行けばスペインの子どもがスペイン語を、ノルウェーに行けばノルウェーの子どもがノルウェー語を、信じられないほど上手に話すということになります。

しかし、母語は才能ではないのです。ひとはその言葉のなかに生まれるのであり、どんな赤ん坊でも、才能のあるなしにかかわらず、その言葉を話すようになります。言葉というのは習慣、もしそう言ってよければ、文化の習慣なのです。

ところが、大きくなってから異なる国の言葉を学ぶときは勉強して学び、その言葉に熟達するようになることは勉強の成果となる。そうこうして、言葉とはそういうものだというふうに、つい勘違いしてしまう。そのため、ややもすると自分は言葉によって育てられたという思いを、母語に対してすらもたなくなってしまうかもしれない。逆に、異国語に対しては、その言葉を勉強するのは面倒だ、厄介だという感じを、ともすれば簡単にもつようになってしまうかもしれません。

必要なのはどういう言葉か

『マイ・フェア・レディ』という、公開されてもうずいぶんになるのに、今でもとても人気のあるオードリー・ヘップバーンの映画があります。映画は、とても元気がいいけれども、貧しい語彙と粗野な言いまわしと不調法な話し方しか知らない若い女性が、苦心惨憺のあげくに、みずから言葉をゆたかにしてゆくようになるまでを、巧みに描きます。その映画の急所は、言葉のもち方が、一人の人間を、人格をつくるのだということとです。

言葉というのは、とどのつまりその人の生き方の流儀であり、マナーです。言葉をゆたかにするというのは、自分の言葉をちゃんともつことができるようになることです。自分のでない言葉に、流行の言葉や借用の言葉に、けっして自分を預けてしまわない。どんなにおカネをもっていても、おカネで買えないものが、言葉です。人間の持ち物のなかでも、言葉だけは、赤ん坊が言葉を覚えてゆくときのように、ただただ学ぶのでなければ手に入らないのです。

勉強しなければならないというのではありません。言葉というものでこんなにも自分をゆたかにしてゆけるのだという、そのことは自分で覚えるしかない。そういう意味では、学ぶというより、覚えるといったほうがいいかもしれません。それだけは自分で覚えなければ覚えられないのです。

言葉なんか毎日、好きなように、好きなだけ使っている。全然、不自由していない。わたしたちは、そう思おうとしています。言葉に、不平等はない。みなおなじです。語彙もおなじなら、抑揚もおなじ、語調もおなじです。さらに携帯電話などの新たなコミュニケーション機器ができて、喋れば、あるいは喋るだけで、自分なんかいつでも、どうにも表せるようになった。今はそんなふうに感じられています。

しかしそのように思おうとしながら、本当はそうではないのではないかという不安があります。というのも、自分を表す言葉に不自由しないと感じているために、どういう言葉が自分に必要なのかということを、だれも考えなくなった。自分がどういう言葉を、どんなふうに使って、どういうことを話しているのかなどと考えないところに、自分を置いて話すことが当然のようになっているためです。けれども、ふと見まわすと、どこにも自分という存在がなくなっています。

これからは、どんな言葉をどれだけきちんと使っているか、あるいはどれだけきちんと使えないでいるかが、それぞれを違えるとても大事なものになってゆくだろうと思います。全体が自分たちを包んでしまっている。そのことにずっと気づかないでいると、気づいたときには貧しくなっているかもしれません。貧しくなっているかもしれないというのは、言葉を貧しくしかもたない人間になってしまっているかもしれない、ということです。

言葉の貧しい人は貧しい。言葉をゆたかにできる人はゆたかだということを、忘れないようにしたい、そうでないと、わたしたちは自分たちの頭を、自分たちが信じてもいない言葉のがらくたで一杯にしてしまいかねないからです。

「……のように美しい」

二一世紀という時代には、これまでのように、歳をとれば歳をとるほど完成してゆくということがもはやのぞまれなくなるという問題に、遅かれ早かれぶつかります。そういう時代には、何が新しい目標になりうるのでしょうか。

勉強も、職業も、目標となるような魅力を、もはや著しく損ねてしまいました。意欲がなくても学校にゆけて、スキルがなくても仕事に就ける。それはとても楽に見えるけれども、張り合いや目指すものがありません。それでは気もちがつづかないということを、どうしたって考えなくてはいけなくなります。

なにより考えたいことは、二一世紀という時代になっても、「初めに言があった」というこの世のあり方というのは、じつは何一つ変わっていないということです。人間は言葉のなかに生まれて、言葉のなかに育つのであり、そうして、言葉のゆたかさを手に入れた人だけが幸いな人であるだろうという事情は、何一つ変わっていない。ただ、わたしたちがそのことに知らんふりをしているだけです。

「初めに言があった」

その「ヨハネによる福音書」の冒頭の一行が、最初に日本語に訳された江戸時代の古訳は、こんなふうでした。

「ハジマリニ　カシコイモノゴザル」

わたし自身は、言葉とはカシコイモノのことであるというこの古訳がとても好きですが、明治維新後に横浜で訳されて出たという、フリガナが独特の明治訳も好きです。

「太初（はじめ）に道（ことば）あり」

言葉は人間にとって道のことであるという。言葉はその通り、人びとの路である道というふうでありたいと思うのですが、今日もっと思いだされていいのは、「カシコイモノ」といい「道（ことば）」といい、そのように言葉のあり方は、繰りかえして確かめられなくてはいけない。それは言葉のいちばん大切な働きの一つだということです。

こう言えばいいかもしれません。

「……のように美しい」と言う文章が、ここにあるとします。この「……」に、どんな言葉を入れたいと思うか。言葉の使い方というのは、そういうことです。チリの人だったら、どういう言葉で、「……のように美しい」と言うでしょうか。カナダ人なら「……」に、どんな言葉を用いるでしょうか。わたしたちも一人一人、「……」に入れる言葉はきっと違うだろうと思います。

「……のように美しい」というそれだけのごく短い表現をするためには、自分が美しいと思っているものを名ざさなければなりません。モロッコの人が名ざすもの、ポーランドの人が名ざすもの、ニュージーランドの人が名ざすものは、おそらく全然違うでしょう。「タマリンドのように美しい」「岩礁のように美しい」「シギのように美しい」「鍾乳洞のように美しい」「一〇月のメープルのように美しい」「朝の玉子焼きのように美しい」。どう言おうとかまわないのです。

「……のように美しい」というそれだけのごく短い表現一つを考えてみても、すごく簡単なのに、「……」に何を入れるか、どんな言葉をそこに使うかで、一人一人の自分、一人一人の経験が、その言葉のなかにそっくり出てきます。それが言葉です。自分が選びとった言葉のなかに、じつは選びとられるのが自分なのです。何を美しいと思うかというそれだけのことでも、その人をもっともよく語りうるというのが、言葉です。

言葉は器量である

日本語にはとってもいい言葉があります。そのとってもいい言葉の一つだと思うのが、「器量」という言葉です。「器量好《よ》し」というふうに言う。その「器量」の「器」は容器のことです。「量」はおおきさです。つまり器と、その器に容れられるおおきさです。「器量好し」というのは、ですから姿を言うのではありません。器ですから、人間というものの器、すなわち心という、心の器のおおきさを表すものです。

日本語のなかに生まれ育ってきた人たちは、人を見定めるのに器量ということをもって、目盛りにしてきました。しかしもうすでに、そうではなくなっています。器量でないもので人を計ろうとしていて、人が狭量になってきています。器量という物差しがあまり使われなくなっているとすれば、世の中はおもしろくなくなってきます。

器量は人の心のおおきさを表します。「器量好し」というのは、心のおおきい人のことです。そういった心のおおきさを、あるいは心の容積というのをおおきくしてゆけるような言葉を、どれだけ自分のなかにたくわえているだろうかということが、これからの時代の物差しになってゆかないと、わたしたちの時代の言葉はどんどんと乏しくなっていってしまうでしょう。言葉に器量をとりもどすということが、これからはもっとずっと大切になってくる。わたしはそう考えています。

二一世紀という時代の変わり目にあるということは、すなわち二〇世紀という一つの世紀がつくりあげた、みなおなじという文化もまたその変わり目にあるということです。わたしたちが手にしてきたのは、みなおなじである世のあり方でした。けれども、これから質されるのは、みなおなじという等質な社会のあり方のなかから、自分のものでしかない価値、自分という独自性を見つけられるかは、どんな言葉をどのように使って、自分で自分を自分にしてゆくことができるか、あるいは自分というものがその言葉によって、どのように表されてゆくだろうかということに、深く懸かっているでしょう。

見つめるものは、何であってもかまわない。ただ何を見つめようと、まずそこにある言葉に心をむける。そこから言葉のありように対する感受性を研いでゆくようにすることを怠けなければ、目の前にある状況というのは、きっとまったく違って見えてきます。そうした経験の重なりから、言葉との付きあい方、係わりあいを通して、人間の器量というのはゆっくりとかたちづくられてゆくのだろうと思うのです。

言葉は意味がすべてではなく、怒ったときは怒ったように話す。悲しいときは悲しいしかたで話す。そのとき言葉が伝えるのは、言葉が表す意味でなく、言外の意味です。意味というのは言葉によって指し示される、心の方向のことです。言葉というのは、自分の使う言葉がどんな自分を表しているか、ということです。

たとえ、みながみなおなじマフラーをもっていても、自分が自分であることを示すのは、自分はそのマフラーをどう結ぶかです。重要なのは、どういうマフラーをもっているかではありません。そのマフラーをどう結ぶかです。

言葉もそうです。みながみなおなじにもつ言葉をかけがえのない自分の言葉にできるものは、一つだけ。自分は自分の言葉というものをどう結んでゆくかという言葉にむきあう態度、一つだけです。

4　子どもの本のちから

子どもの本という本

わたしたちの日常において、本は独特のあり方をもっています。たかが本なのに、日常のなかの本のあり方ほど、ひとの日々の過ごし方をそのまま表してしまうようなものはありません。本をどうやって手に入れるか。どこで読むか。あるいは読まないか、読んだ後の本、あるいは未読の本は、どうするか。本なんか一冊もない。その場合にも、本のない日常のすがたをよく表すのは、そこにない本です。

本のそうした日常のあり方について考えるとき、不思議なのは、子どもの本という本のあり方です。子どもの本というのはそれぞれの意識のなかで、どんな本とも何かまったく違う本という感覚があり、実際、日常のなかで子どもの本が占める位置はどんな本とも違っています。

子どもの本がどんな本とも違うというのは、子どもの本というのは子どもたちの本であって同時に大人たちの本でもあるからです。

子どもの本といっても、子どもが読むべき本とされる本や、子どものころに読んだ懐かしい本が、けっして子どもの本のすべてではありません。ちょっと考えても、子どものときに読んだ子どもの本と大人になってから読んだ子どもの本とどちらがおおいかと言うと、たとえばわたしの場合は、大人になってから読んだほうがおおく、親しみを覚えている本も、子どものころはまだ世に出ていなかった本のほうが、ずっとおおいのです。

子どものわたしが育ったのが、昭和の敗戦直後という子どもの本のない時代だったこともありますが、それだけでなく、まだそのときは、後に二〇世紀を代表する傑作となる『指輪物語』でも世に出てもいません。『指輪物語』なんかを読んだのは、当然、大人になってからです。子どもの本に親しむようになると、だれもがたぶんまっさきに気づくのは、やがて子どもの本のスタンダードになってゆくような本が、自分が子どものときにはまだ出ていなかった、ということです。

子どもの本というのは、ですから、子どものときに読む本がすべてではありません。むしろ大人になってからは子どもの本は読まないというのだったら、その本に親しむこともないままになる。そういう本でもあるのです。そうでないと、子どもの本のほとんどが、そのとき子どもである子どもたちのための本、というだけになってしまいます。

子どもの本を読むということ

子どもの本は子どものときに読む本。そうとしか考えないでゆくと、子どもの本にそなわるアクチュアリティ、読むものに「働きかけてくるちから」を見落としてしまうばかりでなく、いつのまにか子どもたちの世界への生き生きした関心をもたない大人の一人になっている自分に気づかなければならなくなります。

いったい、いつから子どもの本が子ども向けの本としかとらえられなくなり、どうして大人たちが子どもの本を読まなくなっているのか。そうすると、大人というのはどういう人のことで、いったいどういう存在なのだろうか、ということです。

実を言えば、大人にとって子どもの本ほど、厄介な本はないのです。どうやって読めばいいか。いつ読んだらいいか。だいたい親の目で読むのか、自分のために読むのか。ここに子どもの本があるとしたら、それはだれの本でしょうか。その本を大人が読むとしたら、それは自分の本として読むのでしょうか。それとも、子どものものである本として読むのでしょうか。大人が大人の本を読むときと、子どもの本を読むときは、読書のもつ意味は違うのでしょうか。

子どものときのわたしの場合、問題はむしろ逆でした。子どもの本のない時代だったということもあって、子どものわたしが手当たり次第に読んだのは、子どものくせにほとんどいわゆる大人の本です。むしろ年齢が大きくなるにつれて、子どもの本をすすんで読むようになりましたが、大人になって読んだ子どもの本に教えられるのは、子どもの本というのは、じつは大人こそ読むべき本にほかならない、ということです。

ところが、現実は大人たちには、子どもの本の話をして通じるということがありません。子どもの本など読んでもいないからです。子どもたちが本を読まなくなったとよく言われますが、子どもの本について言えば、大人たちが本を読んでいないのです。

こう言ったほうがいいかもしれません。大人たちのほとんどは自分が子どものときに知った子どもの本しか知らないし、大人になったら子どもの本を手にとることもしなくなってしまうために、子どもたちの本の世界がまるで知らない世界になってしまいます。ナルニア国ものがたりと言っても、読んでいない大人のほうがずっとおおくても不思議ではありません。

そう考えると、子どもの本は子どものときに読むべきであるというのは正しいのかどうか、ということです。大人になってからこそ読むべき子どもの本が、本当はたくさんあるのではないか。子どもの本というのは、子ども時代の懐かしい本のことだけでなく、むしろ大人たちにとっては、大人になるとともに自分たちがいつか失った疑いや希望といったものがそこに見いだされるような、あるいは確かめられるような、つねにそういう入り口をもつ本として捉えかえすほうがずっといいと思うのです。

本は年齢で読むものではない

大人あるいは子どもというふうに言うときの、大人あるいは子どもという言い方の前提となるのが、年齢です。

子どもは小さい。年齢はすくない。それからだんだん年齢が重なっていって、子どもは大人になる。だから、子どもの本というと、年齢を前提にした本のあり方というのがまずもって想定されがちです。しかし、それでは本の本来的な魅力を知る機会をかえって奪ってしまうことにならないか、危ぶむのです。年齢によって読み手をあらかじめ決めることは、むしろ読書のひそめるちからを削ぐことになりかねないからです。

年齢によって読むべき本を決めようとすると、小さなときにはこういう本、一〇代にはこういう本、社会にでたらこういう本というふうに、どうしたってすぐに類型的な考え方に傾きます。

本を読むというのが、新しいものの見方、感じ方、考え方の発見を誘われることでないなら、読書はただの情報にすぎなくなり、それぞれの胸のなかに消されないものとしてのこる何かをもたらすものとしての、読書の必要は失われます。

ピーター・パンの物語は、子どもにとってだけの真実を語っているわけではありません。鳥の北斗七星の物語も、子どもにとってだけの真実を語っているわけではありません。知ってはいる。しかし、読んだことがない。そのために、大切な何かを落っことしているかもしれない。そんなふうに感じられるような子どもの本というのが、おそらくだれにだってあります。

「子どものときに子どもが読むのが、子どもの本ではない」。わたしたちは心のどこかで、子どもの本に対してそんなふうに感じています。

つまり、こういうことです。「年齢によって本を考えることをやめたい」ということです。子どもにはこういう本、大人にはこういう本、老人にはこういう本というような、壁で囲むような考え方は、わたしたちにとっての本の世界をすごく狭く小さなものにしてしまう。とりわけ、壁で囲むような読書のすすめ方をすると、肝心のものを落っことしてしまいかねないのが、子どもの本という本だろうと思うのです。

そんな閉じた読書のしかたではなく、何を読んでもいいが、心を自由にするために読む。そうして本というものを、おたがいを隔てるのでなく、おたがいが落ちあえるコモンプレイス・ブック（記憶帖）となりうるもののように、ひろびろと考えたいのです。

たとえば、『落葉図鑑』（吉山寛／絵・石川美枝子）という、たいへん興味のそそられる図鑑があります。このごろは街に樹木はすくなくなりましたが、それでもまだまだ落ち葉は道にたくさん落ちています。落ち葉を拾うことはだれにでもできます。落ち葉を一枚拾って、葉を落とした樹木が何かを、落ち葉の絵が白黒の線画で、原寸で精密に描かれたその図鑑で、確かめる。ただそれだけですが、確かめると、なんだかうれしくなる。わたしはその図鑑を手に、落ち葉の季節がくると、ときどき出掛けたりします。

この図鑑は子どものための本か、親たちのための本か、それとも閑人のための本か。だれのためかということは、しかしどうでもいいのです。それは落ち葉を拾う人なら、だれでもかまわない、落ち葉を拾ってじっと見て、そしてこの葉っぱは何だろうなと思う人の図鑑であって、これはだれのための本かと考えても無駄だからです。とてもユニークなこの図鑑は、一枚一枚の落ち葉にこそ、その木の秘密が示されていることをおしえてくれます。こうした本のかたちがうながしているのは、年齢によって限定されない読書の楽しさであり、そうした楽しさこそが、今日の読書のあり方にもっともたずねられていいのです。

「子どもの」という根づよいイメージ

子どもの本をめぐってもっともおおく語られるのは、まずもって本を読むのが好きか嫌いかという話になりやすいけれども、それよりも、むしろずっと根深いのは、ある年齢を越すともう子どもの本をだれもまるで読まなくなる、という問題です。

今、子どもたちが本を読まない、と声高に言われます。言いだすのはきまって自分たちが本を読まなくなった大人たちで、まず説教、しばらく経つと、こんどは慨嘆になりますが、問題は、子どもたちが本を読まないというだけでなくて、大人たちが子どもの本を読まないことにもあります。

今の大人たちにとって、いったい子どもの本の、社会的な一般的イメージというのはどのようなイメージなのでしょうか。今でもまだ大人たちのなかには童話もしくは昔話のイメージだけがあって、TVなどで映像化された子どもの物語などがあまりに類型に堕していることに、非常にびっくりさせられることもすくなくありません。

子どもの本に係わって言えば、厄介なのは、子どもの本の世界を知らない大人たちがおおくなっていることです。ブリキ男を知らなくて、ナルニア国を知らなくて、センダックを知らなくて、大人たちは気にしません。あたかも大人というのは、もう本を読む必要のなくなった人であるかのようにふるまうことすらあります。それは間違いです。むしろ今は大人たちがすすんで読んだほうがいい本として、子どもの本が挙げられてしかるべきなのです。そこには今、大人たちが自分のうちに見失っている言葉があるだろうからです。

子どもの本というのは、子どものための本なのではありません。大人になってゆくために必要な本のことだというのが、わたしの考えです。そうした本であるべき子どもの本にとってもっとのぞまれるべき読者がいるとすれば、それは大人であり、子どもの本を読むことによって、それまでは自分でも気づかなかったけれども、ふりかえって今、子どもたちに伝えたいものが何かを、とくにそうと意識しなくても、大人たちはきっと自分で、自分のなかに確かめるようになる。そう思えるからです。

とりわけ、老いてから、だれもが子どもの本の生き生きとした世界に近づくことができるようだったら、どんなにいいだろうかと思うのです。老いれば、老眼になります。老眼にやさしいのが大きな文字です。そのぶん、子どもの本は老人たちのすぐ近くにあって当然だし、子どもたちに伝えるべき物語を理解するちからをもっともそなえているのは、だれより老人たちのはずです。

けれども実際は、残念ながら子どもたちの周りにいるのは、近ごろの子どもは本を読まないと言いながら、自分もあまり本を読もうとしない大人たちなのです。

子どもたちは今、日常にあって本を読む大人たちのすがたを、どのくらい目撃しているでしょうか。ほとんど目撃しない、あるいは目撃したくともできない、というのが、見まわして本当のところではないでしょうか。

心のなかの場所としての本

子どもの本というふうに「子どもの」というのが付いているために、大人たちはためらうこともなく、子どもの本を自分が読むべき本に数えることをしないでいます。

けれども、年齢にこだわらず、「子どもの」ということにとらわれず、子どもの本の世界について考えるなら、子どもとは何だろう、子どもの本とは何だろうという思いに、逆に引き寄せられるでしょう。大人にとっての子どもの本というのは心のなかの場所であり、そこにもう一人の自分がいる、そういう場所だからです。

パトリシア・マクラクランという北米の子どもの本の作家に、『のっぽのサラ』『草原のサラ』という連作の物語があります。子どもの本として出された物語ですが、どちらも北米でTVムービーになり、日本でもNHKで確か『潮風のサラ』『潮風のサラ2・3』として普通の時間に放映されて、つよく印象にのこっています。とてもいい映画だったけれども、「子どもの」映画だったわけではありません。にもかかわらず、おなじ物語であっても、なぜ本だけは、「子どもの」本なのでしょうか。

ルイザ・メイ・オールコットの『若草物語』は、どうでしょうか。ずいぶんむかしに書かれたのに（一八六八年）、今も愛されているその物語は、ずっとロングセラーをつづけてきているだけでなく、ハリウッドでも繰りかえし映画化され、映画としても長い人気を誇りますが、「子どもの」物語なのでしょうか。むしろ、『若草物語』の得てきた評判というのは、本であれ映画であれ、「リトル・ウィメン」という原題通りの、「小さな大人」を主題とする、子どもの物語でもあれば大人の物語でもあるという魅力に、たぶん根ざしています。

問題は、コミュニケーションの回路というのがこれだけ社会的にゆたかに、あるいは複雑になっている、そしてこれまでの家族のあり方、教育のあり方がすっかりばらけてきてしまっている、そういうときに、その子どもの本という概念をささえるものは何だろうか、ということです。子どもたちにとって子どもの本とは何だろうかというだけでなく、大人たちにとって子どもの本とは何だろうか、ということです。

今のような時代に、それでも子どもたちに、本の未来、あるいは読書の未来を、大人たちはまだ手渡すことができるだろうか、ということです。子どもの本のもつ積極的な意味をよくよく考えぬかなければどうにもならないところに、今はきているのだと思うのです。慨嘆ではありません。大人たちがしなければならないことは、何も知らない子どもの本の世界に、自分からまず入り込むことです。穴に飛び込んだウサギの後を追いかけたアリスのように、です。

子どもの本になくてはならない三つのもの

子どもの本に絶対なくてはならないものとは、何でしょうか。子どもの本というときだれもが感じ、考え、思いえがくものは、よい本かよくない本か、おもしろい本かつまらない本か、というような仕分けではなくて、子どもの本をしていつだって子どもの本たらしめてきた三つのなくてはならないものだろうと、わたしは考えています。

その三つのものが本のなかにあるということが、大人であるわたしが子どもの本に惹きつけられる理由でもあるのですが、子どもの本の世界をつくりあげてきた、なくてはならない三つのものというのは、長篇・小品にかかわらず、主題・手法にかかわらず、わたしの考えでは、次の三つです。

一つは、「古くて歳とったもの」。古くて歳をとった人、あるいは、古くて年月を経ているもの。

二つめは、「小さいもの」です。幼いものといってもいいですが、幼い生き物、あるいは、幼い人。小さい植物、あるいは、小さい玩具や道具など。

三つめは、「大切なもの」です。みずから生きるものにとって、あるいは、共に生きてゆくものにとって、そして、わたしたちの日々にとって、何が大切かを語るもの。

子どもの本の世界を成り立たせているものは、この三つのものであり、どんな物語でも、読んだことのある子どもの本を思いうかべてみれば、この三つのものがきっと物語の三原色になっているのです。

「古くて歳とったもの」。それは人だけでなく、巨木だったり、地球のように古く歳とったものであることもあります。「小さいもの、幼いもの」。それはただ幼いものをいうだけでなくて、形態的に小さいものもそうです。たとえば、クモのように小さいもの、ゴミのように小さいもの、微生物のように小さいものまで。それから「大切なもの」。この世界で何が大切かということを指さすことができるのが、大切なものです。

子どもの本の読みどころは、物語になくてはならないこの三つのものに、書き手あるいは語り手がどういう思いを、どういう考えを差しだしているのか、ぶつけているのか、その現場に入り込んでゆくということです。

どんなに新しい書き方をしようと、その三つの原則を非常に大切にして書かれるのが子どもの本の世界をつくり、そして子どもの本という概念を成立させてきた。いわゆる大人の本の世界においては、大事なものは違います。大事なものの中心は自我であり、エゴです。万事はそこからです。

大切なものは何かを問うちから

子どもの本にとっては、しかし、それは重要なものでありません。わたしの考えでは、そういうものとは違うものが、本質的に大事なものです。

たとえば、『指輪物語』のような壮大な物語の世界においても、主人公は小さい幼いものです。そして物語のもっとも重要な存在になるのは、大魔法使いから森の精にいたるまで、古い歳とったものです。そして波瀾万丈の物語を最後まで引っぱってゆくちからは、大切なものは何かという探求のちからです。

たとえばロビンソン・クルーソーの物語なんかのように、大人の物語であっても、いつか子どもの本の世界に入ってくるということも、かつてはしばしばありました。今でもそうした例もないわけではありませんが、今はむしろ、大人の物語と子どもの本の世界のあいだには隔壁があり、それだけに読み手の自由も損なわれやすくなっています。それは、しかし、けっしてのぞましいことではありません。

大人の本も子どもの本でありうるし、子どもの本もまた大人の本でありうる。そのような浸透圧が、とりわけ二〇世紀になってから大人の物語の世界に失われるままになったのは、大人の物語が、子どもの本の世界をゆたかにしてきた三つのものを、いつしか欠くようになって以来だろうと、わたしは考えています。

子どもの本を大人たちが自分から読むことをしなければ、その三つのものの重要さに、大人たちがあらためて思いをとどかせる、そのような機会はなかなか生まれないでしょう。そのためか、大人たち自体、子どもの本の世界にあって重要な存在になることも、めったにありません。

今日の大人たちが、大人になると子どもの本を読まない人になってしまったという状況が表しているのは、その意味では、子どもの本が大切なものと考える三つのものの言葉を、今日の大人たちは読んでいない、あるいはなおざりにしていないだろうか、という反省です。

古い歳とったものが担っている大切さ、小さい幼いものが担っている大切さ、そうした大切なものは何かを問うてゆくちからが、そのために今日の大人たちのあいだには落ちているのではないか、ということです。

子どもの本は本のあり方の一つ

子どもの本について広く行われてきたのは、子どもの本を段階的に囲って、年齢や学年によって区切って、大人の本へむかう入門か何かのように、本に親しませるための過程的な考え方で、子どもの本をとらえる考え方です。しかし、そういうふうに考えるのでなく、子どもの本という本それ自体を、本のあり方の一つとして考えなければならない。そう思うのです。

大人の本の世界の前段階にあるというのでなく、大人の本の世界とむきあっているもう一つの本の世界としての、それ自体が自立した世界をもつ、子どもの本という本のあり方です。

年齢や段階といった考え方を第一にするのは、言葉について言えば、間違いです。そうしたやり方が、どれほど言葉のありようをゆがめるか。何歳でこの文字を覚えなければいけない、あの言葉を覚えなければいけないというふうに決めるのは、逆に言えば、知らない言葉に対する新鮮な好奇心をうばってゆく危うさももっています。

何事も段階的にということを前提に考えることは、何事も制限的にしかとらえることをしないということです。そんなふうに制限的な考え方が最初に当然とされてしまうと、子どもの本と付きあうことにおいてもまた、子どもっぽさを優先とする考え方が、どうしても支配的になってしまいがちです。

子どもの本のあり方をいちばん傷つけてしまいやすいのは、何にもまして子どもっぽさを優先する、大人たちの子どもたちについての先入観だと、わたしは思っています。子どもっぽさというのは、大人が子どもに求める条件であり、子どもが自分に求めるのは、子どもっぽさではありません。子どもが自分に求めるのは、自分を元気づけてくれるもの、しかし大人たちはもうそんなものはいらないとだれもが思い込んでいるもの、もしこういう言葉で言っていいのなら、子どもたちにとっての理想主義です。

まず読むことからはじめる

子どもの本の考え方を変えたいのです。

子どもの本という概念を成立させているものが何かを突きつめて考えて、子どもの本についての、これまでのような「子どもだけが読むべき本」とするような考え方の縛りになっている先入観を崩してゆく。そうすることで、子どもの本の世界を、子どもたちと大人たちとが一緒にそこにいる想像力の場にしてゆかないと、子どもたちの世界からも、大人たちの世界からも、何か大切なものがこぼれていってしまうのではないかと怖れます。

内容を、先入観で決めてしまう。決めてかかるために、本質が置き去りにされてしまう。あるいは、本質がどこかへすっとんでいってしまう。のこるのは、本質と係わらない勘違いと慨嘆です。でも、はっきり言ってかまわないと思うのですが、子どもたちが本を読まないと言う人ほど、子どもの本などめったに手にしたりしないのです。

けれども、大人たちにしても、子どもの本に接することは、けっして容易ではなくなっています。たとえば、図書館です。地域の図書館などでは、子どもの本は、子ども用幼児用の図書室に、しばしば限定されていて、大人は一人で入らないでくださいとばかりに追いだされてしまいかねません。実際、大人が一人で子どもの本しかないところできょろきょろしていたら、疑われて当然です。大人が一人で地域の図書館の子ども用幼児用の図書室をぶらぶらするわけにはゆきません。日常のなかに、そうした慣らわしも、そのための了解もないためです。

そうすると、大人たちが子どもの本を読もうとすれば、どこで、どのようにして読めばいいでしょうか。それも昔読んだ子どもの本を読むというのでなく、いま、現在の子どもの本を読むなら、さてどうすればいいでしょうか。子どもの書店に寄るという習慣が、わたしの場合はいちばんです。しかし、どの本がいいか選ぶとなると、簡単そうで、とんでもない難題です。

でも、とんでもない難題のようで、じつはとても簡単です。読んでもいいかなと思った本を、とりあえず求める。そして、とりあえず読む。おもしろいと思う本も、つまらないと思う本もある。どんな本とも、結局おなじです。最初から、これがいい本であるという本を読まなくてはと思うと、億劫になる。いいかどうかは自分で読んで決める。すなわち、読書の鉄則は、ただ一つです。最初に良書ありき、ではありません。下手な鉄砲、数撃ちゃ当たる、です。

ただ、子どもの本の厄介なところは、どこでその本を読むかです。電車で読めるかというと、電車で子どもの本に読みふけっているような大人を見ることは、まずありません。コーヒー屋でも、書類のコピーに一心に目を通す人、マンガから目を離せない人はいても、子どもの本を読んでいる人は見ません。では、自分の家で、自分の部屋で、あらたまって読むのかと言うと、子どもの本というのはあらたまって読む本でしょうか。違います。となると、たった一冊の絵本であっても、子どもの本と付きあうために試されずにいないのは、大人である自分の在りようです。

子どもの本と付きあう

子どもの本と付きあうというのは、大人が子どもの真似をして、子どもっぽくすることでもなければ、子どもが大人の真似をして、大人っぽくすることでもありません。子どもの本は、年端もゆかないもののための本でもなければ、歳をとりたくないもののための本でもなく、肝心なことは、その本質として子どもの本が子どもの本であるということです。子どもの本と付きあうというのは、子どもの本を子どもの本たらしめている本質を感じとるという経験をする。そういうことだろうと思うのです。

近代というのは分類ということを、読書についても好んでやってきました。子どもの本はこうだとか、何はこうだとか、一種の成長神話みたいなものにとらえられて、年齢や段階でいろいろなふうに分類をかさねてきましたが、分類によって本質をすっぽらかすというやり方はそろそろ終わりにしたい、終わりにしないといけないと思うのです。そういうことを予感させるのが、わたしは子どもの本という本のあり方だろうと考えています。

この本を子どもが読んだらおもしろいだろう、子どものためになるのではないかというような目線で、子どもの本を見るのではなくて、なによりもまず、自分がこの本を読んでおもしろいだろうかという新鮮な眼差しで、子どもの本と付きあうということが、これからもっともっと大切になってくるのではないでしょうか。期待もふくめて、わたしはそう思っています。

本が、本を読むものに求めているのは、本を読むってカッコいいなと思えるような本と付きあう姿勢を、日常にたもつということです。ただ読めばいいのではありません。本は上手に読まないと、うそみたいに何ものこらない。上手に読むというのは、読んでよかったと、自分で自分に言える経験をするということです。

5　共通の大切な記憶

情報量はふえた、しかし

ラジオを聴く。あるいは、TVを見る。AMもしくはFMでも、BSもしくはCSでも、わたしたちの国ではどのプログラムも放送局ごとに、時間別に編成されているのが、普通です。音楽ならば、クラシックの番組があって、終わると邦楽になり、それが終われば若い世代のためのポップスになり、さらにいつか旧い世代のための旧い歌謡曲になるというふうに、時間ごとにまったく聴き手が違うだろう音楽に変わってゆきます。

そうした時間の区切り方は、ラジオであれTVであれ、どの局もほとんど変わりません。いくつもの放送局がおなじ時間に、おなじような番組をおなじように組んでいます。しかし、いずれ、アメリカなんかがすでにそうであるように、時間でなく、放送局で違うというふうに、プログラムそのものが局で違うというふうにならなければ、時間で違うという今のやり方では、どれほどTVのチャンネルがふえ、ラジオ局がふえても、どんな技術革新をもってしても、一日を二四時間以上にすることはできない以上、どうあってもたがいに、おなじ時間をとりあう貧しい結果しか生まないことは、確かです。

情報は逆説的な本質をもっています。情報がふえればふえるほど、情報はじつは増大するのでなく、その反対に限定されて感じられるようになり、手もちの時間は豊富になってゆくどころか、逆にどんどん減ってゆくようにしか思えなくなるような逆説的な結果を、しばしばもたらすからです。

人の一日の時間の量は変わらないのに、情報だけが飛躍的にふえてゆけば、どうしようもなく足らなくなってしまうのは、時間のほうです。埋めつくされればされるほど、他の何も容れられなくなり、余裕がなくなってゆくのが一日の時間です。

情報というのは、その意味では、時間を占有するということです。情報は「私」の経験を足してくれるものでもなければ、「私」の時間を足してくれるものでもありません。

さまざまな情報が時間の占有を競いあい、せめぎあっているというのが、今日わたしたちをとりまく一日の時間のありようであり、そうしたゆとりのない時間のありようのなかにとりわけ見つけにくくなったのが、読書の時間です。

音楽にしても映像にしても、聴いていなくとも見ていなくとも、何もしなくとも勝手に時間が過ぎていってくれるけれども、自分で読まなければ、本の時間は過ぎていってくれない。音楽はかけっぱなし、TVはつけっぱなしでも、こちらに構わずに終わるときに終わる。けれども、本は開きっぱなしにすれば、そのままいつまでも先にすすまないし、終わらない。本は読まなければならない。しかし読むのになくてはならないのは、時間です。

読書は自分の時間の使い方

本というのは、自分で、自分の時間をちゃんと使わないと機能しないメディアなのです。その本の一二ページを開いて、読むのをやめて、ちょっとどこかへ行ってもどってきたら九二ページまですすんでいたなどということがないのが、本で、自分が一〇〇ページまで読まないと、けっして一〇〇ページまですすまない。

ですから、きちんと本とむきあおうとすれば、どうしたって自分の時間の使い方という問題に直接係わることになる。読書というのは自分の時間の使い方の問題なんだということは、たとえば子どもの本について考えるとよくわかるのです。

子どもたちの本が好きなら、だれもが知っている絵本に、レイモンド・ブリッグズ『ゆきだるま』という絵本があります。あるいは、「ある犬の物語」という副題をもつガブリエル・バンサン『アンジュール』という絵本があります。『ゆきだるま』も『アンジュール』も絵だけの絵本で、言葉のない、テクストなしの絵本です。原本と訳本の違いは、書名がアルファベットか、カタカナかの違いだけです。言葉はないので、こうした絵本の場合、言葉をたどって意味をつたってゆくということができません。

このような言葉のない絵本は、どう読めばいいのでしょうか。最後のページまで、いったいどれくらいの速度で、どれくらい時間をかけて、ページを追ってゆけばいいのでしょうか。『ゆきだるま』や『アンジュール』は、言葉のない、もっとも単純な絵本です。単純な絵本ですが、よく考えるととんでもない本です。絵本というのは文字があっても、文字自体、言葉自体がすくないから、文字を追うだけならあっという間に読めてしまう。しかし絵本は、けっしてあっという間に読むための本ではありりません。

文字がおおい本であればあるほど、本の読み方は、じつは単一です。ただただ文字を追い、意味を追えばいいので、本によっては、興にまかせてぱーっと読みとばしてもいい。けれども、絵本の読み方はそうはゆきません。

絵本には決まった読み方がありません。子どもたちの絵本の読み方をみれば、自由勝手で、ときにはゆきつもどりつ、目で読み、声にだして読み、また繰り返し、繰り返し読んで、その読み方はまったく単一でありません。

絵本のような子どもの本から手わたされるのは、その絵本がもっている時間です。もう一つの時間、アナザー・タイムが、そこにある。絵本を読むというのは、絵本のもつ時間の感触が自分のなかにのこってゆくという経験です。

そのように、本を読むというのは、その本のもっている時間を手に入れるということなのだということを、よくよく考えたいのです。読書はただ、言葉を読むというのとは違う。絵本のような子どもの本の読み方に教えられるのは、読書というのは自分の時間の手に入れ方なのだ、ということです。

共通の話がなくなっている

いまは、おたがいのあいだに、共通の話がなくなって、共通の言葉が見つけにくくなってきています。情報のチャンネルがふえ、ツールがふえ、情報が氾濫すればするほど、めいめいはむしろ、分断されて、孤立しがちになり、かつては共にできたものも、おたがいのあいだで共にできなくなった。そしてそのことを、だれもう怪しみません。

共通の話がなくなっているのは、共通の時間を分かちもつという感覚が失せてきているということです。こっちではこれ、そっちではそれ、あっちではあれというふうに、選択肢がふえて、ますます情報がゆたかになったはずが、その反対に、共通の話、共通の時間をどれだけ共にできているかということでは、じつは以前よりずっと貧しくなってきているのではないでしょうか。

その一つの例は、たとえばクラシック音楽です。小学校の音楽の時間にクラシック音楽を聴くことは、今はほとんどなくなっていると聞きます。必要がないとされているのでしょう。確かに、子どものときに聴いた音楽というのは、そのときは別に意識されない。曲名も覚えていないということも、しばしばですが、しかし後になって、あの音楽だったと、ふっと自分の胸にかえってくるということがあります。

子どものときの経験がのこすのは、理解ではありません。記憶です。そうした懐かしい記憶をのこすべき「聴く」という子どもたちの経験が、もはやクラシック音楽についてはなくなっているのかもしれません。

けれども実際には、クラシック音楽ほど、わたしたちの周囲にあふれているものはないというべきです。時代の流行をつくるとされる今日のＴＶコマーシャルについて言えば、統計によれば、日本のＴＶコマーシャルに用いられる音楽の、実に六〇％を占めるのは、思いがけないことにクラシック音楽です。

ＴＶから聴こえてくるクラシック音楽というのは、ニュースなどの報道記録番組などもふくめれば、いわゆる名曲だけでなく、ほかではめったに聴かれない、難解として退けられるような、希少曲であることもしばしばです。クラシックなんか聴いたことがないというのは、ＴＶについて言えば違うのです。ところが、そんなふうにつねに耳にしているはずであっても、それがおたがいのあいだの共通の言葉になることはありません。

共通の記憶が共通の言葉をつくる

共通の言葉をつくるのは、共通の記憶です。あるいは、共通の記憶がそこにあれば、そこから共通の言葉が育ってきます。そうした共通の記憶のつくり方、共通の時間のつくり方というものに、とりわけ音楽はおおきな影響をあたえてきました。

「G線上のアリア」としてよく知られる小曲があります。バッハによるうつくしい旋律のヴァイオリンの小曲ですが、それはもとは歌曲を意味するアリアでもなく、しかもG線の曲でもなく、そもそもヴァイオリンのために書かれた曲でもありません（もとは管弦楽組曲第3番の第2曲エア、A線で演奏される）。それがのちにヴァイオリンの名手によってヴァイオリン独奏用に編曲され、しかもヴァイオリンのG線だけで弾くようにあらためられて、「G線上のアリア」として、あまねく知られるようになった愛すべき曲です。

今は、バッハの生きていた時代から数百年が経っています。そういうびっくりするほど遠く長い時間をくぐりぬけて、わずか四分にみたない小曲が、時代を超えて、国境を超えて、共通の記憶をつくってきたということの魅惑を考えるのです。それが、ここにきて、突然共通の記憶の糸がぷつりと切れて、そのままになった。そうして「G線上のアリア」を知っている世代と知らない世代とに分断されてしまった。そんな気がします。

音楽というのは、一九世紀から今日にいたるまで、録音技術の発見、進歩によって、技術革新の波をもろにかぶりつづけてきました。止まることのない技術革新からとてつもない恩恵を受けとる一方で、共通の記憶ということでゆくと、二一世紀への峠をいざ越えて気がついたら、飽くことのない技術革新は、むしろ逆に、共通の記憶の場を深めるのでなく、信じられないくらい貧しくもしていたという事情があります。

技術革新が人びとのあいだにもたらすのは、そう言ってよければ、世代的方言です。ＬＰの世代、ＣＤの世代、ＰＣの世代というふうに、こういう英語の略字でしか言えない技術環境こそ世代の断絶のしるしのようなものですが、そのため技術環境の違いによって縦のつながりがなくなって、新しい環境になじむというだけで、明日になれば忘れられる音楽が今日の風景のなかをとびかうだけになったことも、確かです。記憶が今は、世代という横のつながりだけに閉じ込められてしまっているのです。

それで思いおこすことは、クラシックのすぐれた作曲家たちには、子どもを主題とする、わすれがたい音楽がびっくりするほどおおい、ということです。シューマンに『子どもの情景』があるように、ビゼーに『子どもの遊び』があり、ラヴェルに『子どもと魔法』があり、ムソルグスキーに『子ども部屋』があり、チャイコフスキーに『子どものアルバム』があるようにです。

そうした音楽が伝えてきたのは、それぞれの音楽自体の魅惑だけではなくて、そうした音楽の贈り方というか、人びとにむかっての音楽というもののあり方の秘密です。音楽は人びとに記憶をのこすものであるという、音楽のあり方の秘密です。

記憶の贈り物と「自分の時間」

人びとの記憶をつくるのは、けっして偉大さや壮大さだけでなく、しばしばちいさなもの、ささやかなものでもあるということ。これ以上はないような長い壮大な交響曲第九番「ザ・グレイト」を書いたシューベルトを、後世に忘れさせなかった歌の傑作の一つの「野ばら」は、たった一分半すこしの歌でした。

わずか一分半すこししかないような歌が、それから激変ばかりつづいた一〇〇年よりも長い時のあいだ、どこでも人びとの記憶をつくる。ちいさな歌が、そうやって世界のおおきな記憶になる。そういうことの不思議さと大事さを考えると、そういう共通の記憶の大事さが、いつのまにかすっぽかされるままになってしまっている。そういうところへ、今はどうも出てきてしまったのではないかと懸念されるのです。

自分の時間をもつ。そして自分で、何かをする。そのように自分で何かをなす時間が自分の時間なのだと、今は考えられています。

けれども、それはちょっと違うのです。自分の時間というのは、わたしの考えでは、自分にとって非常に大切な記憶をとどめている、あるいはとどめられる時間が、自分の時間とよぶことのできる時間です。

記憶なしに自分の時間はありません。自分にとって大切な時間の記憶が、自分の時間です。そうであるのに、時間をどんどん費やして、みんなして時間をどんどんなくしてきた。時間をなくすことによって自分の時間をなくしてきた。自分の時間をなくすことは、自分にとって大切だと思う記憶をなくすことです。

自分のもっている時間というものは、自由になる時間というのではないのです。自由に何かをする、何かができる時間というのではないのです。

そうではなくて、自分のもっている時間の井戸から、記憶の水を汲みあげるための時間が、一人の「私」という空のバケツを満たす、充実の時間であるだろうというふうに思うのです。

記憶の担い方の物語

アメリカで、おもしろいなと思えることが、本の世界でつづきました。いままで物語なんか書いたことのない人たちが、それも五〇歳を過ぎてから初めて物語を書きはじめて、上梓されるや、注目されて広く読まれるということがつづきました。

話題を集めたロバート・J・ウォーラーの『マディソン郡の橋』はその一つです。

『リバー・ランズ・スルー・イット』という映画になった、ノーマン・マクリーンの『マクリーンの川』というのも、おなじように歳老いた人が、初めて書いた物語です。それから、ハワード・オーウェンという人の『リトルジョンの静かな一日』という本があります。やはりおなじように、著者が歳とってから初めて書いた物語です。

どの物語にも共通なのは、自分にとって大切な記憶とは何かを主題にしていること。記憶が主題になるのは、わたしたちはいろいろなものをゆたかに手に入れてきたと思っているが、どうも大切な記憶をなくしている。書くというのは、そうしたなくした記憶をみずからたずねるという行為です。物語をささえるのは、大切な記憶をとりもどすことができなければ、自分を確かにしてゆくなんてできない、という切羽つまった自覚です。

『リトルジョンの静かな一日』は、アメリカの地方の小説です。物語とは回想される人生の物語であるという姿勢につらぬかれた、静かな語り口の、ある夏の一日の物語ですが、つよく印象にのこるのは、物語の突きすすむあらすじというより、それが大切な記憶の担い方の物語であり、共通の大切な記憶のつくり方の物語であるということです。

北米で、公立学校での人種差別が廃止された一九六五年の、南部の物語です。これでもう州の教育制度はおしまいだと、白人たちは口々に罵った。黒人の子どもたちは公立学校に入ったものの、黒人の生徒の数は三年生が六人、二年生が七人、一年生が一二人だけです。実際に肉体的に傷つけられることはなかった。けれども、黒人の子どもたちに間断なく襲いかかるのは、言葉の暴力です。

毎日毎秒が「ニガー、ニガー」の連呼。ロッカーのドアには罵倒の落書き。たいして違わないのにアクセントを嘲って、黒人の子どもたちは自尊心を傷つけられて、日々に追いつめられます。そうして、黒人の女子生徒が一人、自殺します。その自殺に、主人公は、直接的には無関係です。しかし、ほんとうに、無関係だろうか？その少女の自殺をめぐって、『リトルジョンの静かな一日』というこの物語が伝えるのは、記憶というのは、人の、人としてのあり方を質すのが記憶だ、ということです。

物語が差しだすのは

「その日、家に帰ると、たしかクリスマスのあとで、まだ春の種まきまではまだ間があるそんな時期だった。父がいてオイルヒーターのそばに座って煎ったピーナッツを食べていた。『きのうの晩、ニガーの女の子が自殺したわ』大人っぽいニュースを伝えるということの重大さに私は興奮して言った。父はピーナッツの殻をむくのをやめ、その子がだれかを聞いた」

そして父。「『つまり、お前たちみんながひどい意地悪をしたから彼女は自殺したということなのか』父は私にきいた。私はラトリシア・ウンスレーの自殺に責任があるという考えを受け入れる心の準備ができていなかったので、そのとおりを口にした。そして『彼女には冗談が通じなかったみたい』と言った。父は立ち上がるとピーナッツの殻と膝の上に広げていた新聞をゴミ箱に投入れ、寝室のほうに行った。五分たっても戻ってこないので、話はこれで終わったものと私は思った」

しかし、話は終わったのではありませんでした。「冷蔵庫からペプシコーラを出し、ソファに座っていると、父が写真をいっぱい持って戻ってきた。『お前に見せたいものがある』と父は言った。『これは父さんが戦争中（これはアメリカ人の話で、第二次世界大戦ですが）に兵隊に行ったときに撮った写真だ』父がそんな写真を私に見せたことは一度もなかったし、コックをしていたということ以外、戦争の話をしたことも一度もなかった。コックだったことは、近所で自慢するようなことでもなかったからかもしれない」

「ユダヤ人の写真を私に見せ終わってから、本当に印象にのこったのはドイツの人たちのことだと父は言った。私には写真で父が私に見せたいと思っていることがわかった。ドイツ人の表情には、もちろん安堵があり、卑屈さ、傲慢さもあった。だが、どこにも恥の意識はなかった。父の言うように、このドイツ人たちは、私たちとなんら変わったところはない。かわいい犬を飼い、庭を持ち、帽子をかぶり、学校へ行っていた。

父は私から写真を取り上げ、毛深いソバカスの浮き出た手で私の手を包み込んだ。私ら人間を人間としてきちんと扱わないと、とんでもないひどいことが起こるんだ。私らはそうならないようにしようなと父は言った」（入江真佐子訳）

ここで語られるのは、記憶というのは記憶の手わたし方なのだ、ということです。物語が差しだすのは、それぞれのまったく違う経験をおたがいにむきあわせる努力のなかでしかつくられないだろう共通の記憶について、です。

子どもが直面した一人の黒人の同級生の自殺という事件に対応するのに、父親はそれまで語ることをしなかった自分の戦争の体験をもってする。

子どもは自分が直面した事件の重さに気づきません。父親が伝えたいのは、経験のもつ重さです。経験のもつ意味は、その重さだからです。

記憶を共有するためには

それぞれの経験というのは孤立していますし、それぞれに個別的です。にもかかわらず、自分のしなかったこと、自分の知らない経験に対して、ひとは自分を開くことができます。それぞれの経験をおたがいの共通の記憶に変えてゆく。あるいは、それぞれがそれぞれの経験を通して、おたがいの共通の場をつくってゆく。

そうした共通の記憶の場を可能にしてきたのは、言葉ですが、今、わたしたちの記憶のあり方はけっしてそういうふうではありません。

それぞれの経験がシュレッダーにかけられた紙片のように細切りになっていて、孤立して、個別的なまま、だれにも伝わらないまま、いっそ記憶なんかなくしてしまったほうがいいみたいなことになって、だれもが疎んでいるかのようです。

人と人をつなげるだけの共通の時間が、どんどんもちにくくなってきています。人と人をつなげることのできる共通の経験も、もはや分けあえにくくなっています。共通の記憶をつくる共通の言葉自体、わたしたちのあいだには、だんだん乏しくなってきているのかもしれません。

だれもがみんな別々ですが、だれもがみんな別々というのは、多様性とは違います。ただばらばらというだけで、そんなふうにただばらばらでは、腰が引けて当然です。

この話はできない。あの話ができない。そんなふうに、おたがいのあいだでできない話がふえているという事態が、日常のいたるところに生じているのだと思えます。

おたがいに秘密にしておきたい話がおおくなったというのではありません。そうではなく、おたがいのあいだで経験を分けあう、そういう話の仕方が、今はどんどんとできなくなっていないかということです。こういう話ができたという、ただそれだけで心が弾んでくることがあります。芽を摘んでしまうような話の仕方がはびこるとき、失われるのは柔らかな心のありようです。

プールされた情報をいろいろと引きだして、さまざまな情報を手中にしたように思える充足感がある一方で、にもかかわらず、じぶんの体温をたもつように、人と人のあいだの共通の記憶をたもつことがもうできなくなっているのではないかという不充足感が、もう一方にあるのは、ゆたかになった世の中においてかえって貧しくなってしまうのが、じつは、おたがいをつなぐべき共通のもの、共通の価値観、共通の記憶であるということのためです。

世界の見え方を左右するもの

子どもの本という本がおおきな意味をもってくるのは、まさしくそうした、おたがいをつなぐべき共通のもの、共通の価値観、共通の記憶というものに係わってくるのが、子どもの本という本だからです。

自分の目の前に、こういう子どもの本があったということを、大人になった自分のなかに、どれだけ記憶としてもっているか、もちつづけているか、あるいは逆に、そういう記憶をまったくもっていないというのでは、もうそう言ってよければ、世界の見え方は思う以上におそろしく違っているでしょう。

本のまわりをぐるぐる勢いよく駆けまわるうちに、トラがバターになってしまう。そういう記憶をまざまざともっているのと、まったくもっていないというのとでは、世界の見え方はどうしたって違ってきます。

子どもの本というのは、そこから世界がこんなふうに見えてくるという記憶をのこす本です。遠眼鏡であるような本であって、同時に顕微鏡であるような本。子どもの本はそういう本です。ですから、いちばん肝心なのは、子どもの本は目の前になければだめだということです。そこになければ、本は読むことができません。読めないかぎりは、本は記憶になりません。記憶にならないかぎりは、そこから共通の記憶をかたちづくってゆくような努力が誘いだされるということもありません。

本は、その本を自分はもっている、読んで知っている、というだけでは、ただそれだけのことにすぎないのです。その本を自分はもっていると、うっかりしてその本が世の中にもうなくなっていても、往々にしてそのことを閑却するようになります。自分がもっているから、いつでもその本は世にあると思っている。しかし、実際には、もう目の前になくなっていることもすくなくありません。

本というのは、もしくは本という文化は、しかし、本の私有、記憶の私有に終わる、そういうものではないのです。それが自分にとってのみ大切な記憶であるというだけでは、本はどうにもならないからです。本をおたがいの共通の大切な記憶のありどころにできる、そういう本のあり方というのを絶えず考えてゆかなければ、あっという間に本は、わたしたちにとって何か特別なものなどでなくなってしまいます。

記憶が人生の物語をつむぐ

どんな人も、だれもみんな、歳をとってゆきます。歳をとってゆくという人生のその過程でますます重要になってゆくのは、他の人と自分とがどのような記憶を分けあえるのかということだろうと思うのです。それぞれにとっての大切な記憶がある。だが、それぞれの大切な記憶がそのまま、だれにとっても大切な記憶であるわけではありません。

他の人と自分のあいだを結ぶ記憶は、私的な記憶とは違う何か、個人的な感慨以上の何かをもつ、そういう記憶です。今日たずねられているのは、共有できる言葉のあり方だということです。おたがいに知らない者が共有できる、そのような言葉のあり方を大切にできなければ、だめなのだと思う。

コミュニケーションの可能性というのは、そのように、それぞれがそれぞれのなかにそうと気づかずにもっている共通の大切な記憶を、おたがいをつなぐものとして描きだすことができるかどうか、ということに懸かっています。

大事なのは「一緒に」ということではありません。「共通の」ということは、「一緒に」ということではありません。大事なのは「一緒の」記憶ではなく、「共通の」記憶をもつということであり、知らない者が分けあえる共通の記憶を大切なものとして、ゆたかにもつひとがゆたかなひとであり、ゆたかにもつ国がゆたかな国であって、わたしたちにとっての歴史というものをゆたかなものとなしうるかどうかということも、そこにどれだけ共通の大切な記憶があるかに深く係わっているでしょう。

共通の大切な記憶とは、そこにそれぞれ記憶が集まってゆけるところ、ということです。日々にふえつづける情報を手に入れることによって、わたしたちが手に入れたのは、しかし、そこにそれぞれの記憶が集まってゆける、そういう共通の大切な記憶と違うものです。限りなく存在を薄切りにしてゆくのが情報だとすれば、可能なかぎり存在を厚くするのは記憶です。

共通の大切な記憶をはぐくむのは、だれもが知っているような世のおおきな出来事というより、むしろきわめてさりげない日々の光景です。たとえば、こういう光景です。さきに書名をあげた『マクリーンの川』のなかの、印象的な一節です。

山深い渓谷で、フィッシャーマンが一人、川の流れを、黙ってじっと追っています。何も起きない。しかし、そのときのことを、フィッシャーマンはありありと記憶しています。そのときは「人生の物語は、書物より川に似ているとは知らなかったけれど、わたしはこの物語をそのとき書き出していたのだ。おそらく、水の音を近くに聞いたときに始まっていたのだろう。そして、この先、川のように絶対浸食されることのないなにものかがわたしを待ちうけていると直感的に感じたのだった。川のように、鋭い曲がり角や、丸く深い淀み、沈殿した砂利があり、また静けさが最後に現われるだろうと」（渡辺利雄訳）

情報のちからは、それがぬきんでた情報であるということです。しかし、共通の大切な記憶をはぐくむのは、物語をつむぐ記憶のちからです。

6　今、求められること

人は言葉でできている

まず人がいて、自分があって、そして言葉がある。言葉と人の係わりを言うとき、そうした順序で考えられるのが、まず普通です。ただ、言葉と人の関係について考えるなら、その順序を逆にして考えるほうがいい、とわたしは思っています。まず言葉があって、自分があって、そして人がいるというふうに。

この世にあって、人にとってなくてはならないと思えるもの、毎日の生活をささえてきたもののほとんどすべてというのは、人がつくりだしてきたものです。人はさまざまなものを、つくろうとしてつくってきたし、けっしてつくれないと思われるようなものすら、しばしばつくりだします。けれども、人にとって絶対になくてはならないものというのは、必ずしも人のつくったものでなく、言葉もそうです。

自分が生まれる前からずっとあって、言葉は、わたしたち自身より古くて長い時間をもっています。ですから、わたしたちは言葉のなかに生まれてくる。そして、自分たちがそのなかに生まれてきたもっとも古い言葉を覚える。成長するとは、言葉を覚えるということです。つくるものでなく、あつらえるものでない。覚えるものが言葉です。

毎日の経験を通して、人は言葉を覚えます。覚えるのは、目の前にある言葉です。自分の毎日をつつんでいる言葉です。自分がそのなかに生まれてきた言葉というものを、あるいは言葉の体系というものを、自分から覚えることによって、人は大人になってゆく、あるいは、人間になってゆく。そういうものが、言葉です。

にもかかわらず、覚えて終わりでなく、覚えた言葉を自分のものにしてゆくということができないと、自分の言葉にならない本質を、言葉はそなえています。

言葉を覚えるというのは、この世で自分は一人ではないと知るということです。言葉というのはつながりだからです。

言葉をつかうというのは、他者とのつながりをみずからすすんで認めるということであり、言葉を自分のものにしてゆくというのは、言葉のつくりだす他者とのつながりのなかに、自分の位置を確かめてゆくということです。

人は何でできているか。人は言葉でできている、そういう存在なのだと思うのです。言葉は、人の道具ではなく、人の素材なのだということです。

たとえばTVのニュースで、中東で問題が生じて、サウジアラビアの砂漠の道が映っているのを見ます。映っている砂漠の風景は、まったく何もない風景です。日本にはない風景のなかに、日本とそっくりおなじハイウェイが一本、まっすぐに通っています。道路標識が映ります。アラビア語で書かれた道路標識です。

サウジアラビアでなくても、韓国でも、オーストラリアでも、ノルウェーでも、メキシコでも、日本の他のどこであっても、ハイウェイの道路標識はどこも緑のボードに、白い文字で書かれていて、どこのどういう街の、どういう出口にでてゆくか、どういう分岐点にでるか、道路標識は記号も、規格も、色も、まずどこでもだいたいおなじです。ですから、すぐ道路標識はわかる。ただ一つ、言葉だけが全然違います。

車を動かすのには、べつに言葉は要らないのです。世界のどこでも、車の動かし方はおなじです。道のつくられ方も、ハイウェイなどはそう変わりません。道路標識の記号もおなじです。しかし、緑のボードに書かれている白い文字の言葉は、その言葉に通じていないものには、意味をもたらすことはありません。

勉強しないと覚えられないのが、異郷の言葉です。勉強しないで覚えられるのは、自分が生まれた土地の言葉だけです。日本の場合、勉強して覚える外国語という成績を重んじる教育の枠組みのなかで、むずかしい言葉が知識とみなされて、正しい言葉ばかりが求められますが、もともとは赤ちゃんの喋るのも異国の人の片言もまた言葉であり、不完全な言葉もまた、わたしたちにとっての大切な言葉のはずです。

今日のように、国境という仕切りが低くなって、人びとをつなぐ基準が世界的に共通になってくると、問われるのは、何がグローバル・スタンダードかということです。言葉はどうか。言葉というのは、どこまでも地域性に根ざすだけに、どうあってもグローバル・スタンダードにならないでしょう。今、世界の通用語とされる英語にしても、グローバル・スタンダードというのとは違うように思います。

英語にしても、おそろしく地域性がつよく、専門家であればどこの英語かほとんどわかると言います。シドニーはシドニー風英語、テキサスはテキサス風英語、ベルファストはベルファスト風英語というように。それでも英語が世界の通用語の位置をしめるようになったのは、英語くらい、言葉の完全さをでなく、言葉の不完全さを受け容れてきた言葉はすくなくないという歴史があるからだろうと思えます。

国境を越える言葉は、完全な言葉でなく、むしろ不完全な言葉なのです。たとえば、国境を越えて働きにゆく人たちのコミュニケーションをささえるのが、カタコト言葉と、表情と、身ぶりであるように、です。

その意味では、不完全さこそ言葉の本質と言ってよく、言葉を言葉たらしめるものは、違いを違いとして受けとめられるだけの器量です。

自分を確かめる言葉、他者を確かめる言葉

言葉には、おおざっぱに言って、二つあります。

一つは、他者を確かめる言葉です。挨拶の言葉。手紙の言葉。電話の言葉がいちばんいい例です。電話はだれかにかけるもの、そしてだれかからかかってくるものです。つまり、他人なしには存在しない道具です。それに、メディアの言葉。情報の言葉。わたしたちの日常のおおくの言葉は、そこに他者がいる。他者が感じられる、そういう言葉です。あるいは、他者を確かめるための方法としての言葉です。

言葉には、もう一つの言葉があります。自分を確かめる言葉です。ここに自分がい

ると感じられる言葉、自分を確かめるための、あるいはそのための方法としての言葉です。本の言葉はいつもそうでしたし、今でもそうですが、歌や映画、マンガやドラマも、ただおもしろいというだけでなく、共感したり反発したり、ここに自分とおなじ人間がいる、そこに自分の世界があると感じられる、そうした「私」の言葉でできています。

他者を確かめる言葉と、自分を確かめる言葉と、わたしたちがもつ言葉には二つの方向、二つの働きがあります。技術革新の大波がおしよせてきてめざましくすすんだのは他人を確かめる言葉の技術ですが、自分を確かめる言葉の技術のほうはどうかと言えば、本なら本を開いて読む。歌なら、歌に耳をかたむける。映画なら映画館で、あるいは部屋でビデオを見る。マンガならページを追う。今も、そんなふうに個人的です。

インターネットのような新しい空間がひろがって、他人を確かめる技術がとんでもなくすすんでも、自分を確かめる言葉のあり方が、だからといって変わってゆかないのは、自分を確かめる方法は心の働きだからです。万事にソリッドさ、堅固さをつくりだしてきた技術革新のあり方とは違って、心というのはかたちのない見えないものにすぎません。

心、と簡単に言うことはできても、その心は、人の身体のどこにあるのか。心臓がどこにあるかはわかる。指がどこにあるか、眼球がどこにあるかもわかっています。しかし、心が身体のどこにあるのか。技術が働きかけることができるのは、そこにあるとわかっているもので、それを変えたりつくったりすることができる。けれども、心はどこにもないものだから、言葉でしか言えないのです。

そのため技術革新の華やかな時代に疎かにされがちなのは、心の働きです。心の働きとか、あるいは勘どころとか魂込めといった訳のわからないものは、もはや時代遅れに見えます。しかし流行は、すべてではありません。わたしたちのあいだには言葉でしか言えないもの、言葉でしか読みとれないものが、どうしたってあるからです。

そもそも社会が、現実が、世界がそうです。社会や現実や世界は地図のうえにはないし、これがそうだとも指させない。にもかかわらず、わたしたちは社会というものがあると熟知しているし、現実というものをひしひしと実感しているし、世界というものがあるということも知りぬいています。

どうやって？　言葉によって、です。言葉からしか感受できないものがある。そのことをわたしたちに教えてくれるのが、言葉です。

なくてはならないのは一つだけ

明治から今まで、ずっと勉強というのは、成績をあげ、受験して、競争して、競争に勝つか負けるかという、競うもの、争うものとして考えられてきた勉強です。言葉を学ぶということさえ、そうした競争である勉強の一つであり、論語も、シェイクスピアも、競争のなかで学ばれたわけです。

けれどもこれからやってくるだろう、子どもがどんどんすくなくなってゆくだろう社会において変わらざるをえないのは、そのような勉強というもののかたちです。学ぶということが、勝つための、あるいは勝てなかったら負けてしまうような、競争のための勉強とは違ったかたちをもつことができなくては、先がなくなってくるからです。

というのも、他人と競争する。他人と競争して、他人に勝つ。あるいは負ける。そのように勉強というものが、つねに他人を確かめる、他人との距離を確かめるようにして行われてきたということがあります。しかし、子どもがどんどんすくなくなってゆく社会では、他人に勝つために勉強する必要より、もっとずっと必要なのは自分を確かにするためにする勉強であり、自分を確かめる方法としての勉強がいっそう求められます。

自分を確かにするのになくてはならないものは一つだけ。言葉です。自分を確かめるちからをくれるのが言葉です。

肝心なのはそういう言葉にちゃんと出会えるかどうかであり、問題はそういう言葉と出会えるような言葉との付きあい方を、自分にうまく育ててゆけるかどうかですが、ただ言葉は情報とは違います。

情報をたくさんもっていることが物知りと考えられ、情報をたくさん知っていることが世の中を知っていることであって、情報に通じていなければ遅れているとされるというのは、知っているか知らないか、情報の量を他人と競いあうことであり、情報のゆきつくところは、すなわち他人との競争です。

しかし、情報がわたしたちを圧倒的にとりまいている今のようなとき、弱まっているのはむしろ情報でない言葉です。情報でないもの、非情報的なものというのが、しかし本当は、言葉にとっていちばん大事なものなのです。

話している人がいる。後でその人が何を言ったか思いだせない。けれども覚えていないのに、その人はどういう人だったかというイメージは、ちゃんとのこっている。つまり、そのように、わたしたちは言葉を通して、すべて理解するのではないのです。話したのを聞いて、情報を得たから知るのではありません。

情報ではない言葉が重要

伝わってのこるものは、その人の表情、身ぶり、雰囲気、気分といった、不確かな、非情報的な言葉です。情報によって判断すると思っている事柄のおおくも、わたしたちは情報によってというより、本当は非情報的なものにもとづいて、しばしば判断しています。考えるときも、わたしたちはおおく情報でないものに重心をおいて、言葉の表すものを測って考えます。

いまは亡い親しかった人を思いだすとき、その人の言ったことより、思いだされるのは、あのときのあのしぐさであるとか、その人の笑顔であるとか、ふくれっ面であるとか、あのときのあの眼差しであるとか、そういうほうがつよく印象にのこっていないでしょうか。いまは亡いおばあさんやおじいさんのことを考えても、一緒に暮らしたのに、後になって、おばあさんやおじいさんのことはじつは何も知らなかったことに気づくということだってすくなくないのです。にもかかわらず、その表情や雰囲気、印象的な一瞬の表情が、忘れられない記憶になってのこっているということがあります。

人の表情は言葉のかたちをもたない言葉です。言いかえれば、非情報的な言葉です。情報でなく、表情によって、その人のことを鮮やかに思いだすことがあるように、わたしたちは情報ではない言葉の意味するものを、判断のとても重要なところに活かすことで、自分自身を確かめることがすくなくありません。そうした非情報的なものを捨ててしまえば、わたしたちにとっての言葉のあり方は歪んできます。

言葉を情報とだけとらえると、非情報的なことが見えてきません。意味はあっても文体のない言葉が増殖しています。知識としての意味をもちながら、その言葉のもつイメージが生き生きと感覚されない。言葉が文体、スタイルというすぐれて感覚的な魅力を欠くとき、言葉に欠けるのは言葉のちからです。

知識だけの言葉は、言葉だけ知っていてもその言葉を感覚できない、そういう言葉です。知識としての情報をつらねた言葉、非情報的な文体を感じさせない言葉がよそよそしくて退屈なのは、「情報を得ること」と「言葉を読むこと」は、決定的に違うからです。

自分にとってもっとも必要な言葉は、「言葉」だけを漁っても、たぶん見つけられないでしょう。見つけなければならないのは、「必要」です。

そういうことを考えれば、言葉でいちばん肝心なことというのは、何かそのものを言い表して一つの意味をなすということではありません。「ばか」という言葉があります。「ばか」という言葉は、さまざまに違った意味を表せる言葉です。「ばかやろう」と人にむかって言うときのばか。「ばかやろう」と自分にむかって言うときのばか。「あなたってばかね」と言うときのばか。「ばか言ってらあ」と言うときのばか。「仕事ばか」と言うときのばか。ともすれば「ばか」という言葉は、見下げる言葉とされやすいのですが、実際は違います。「ばかやっちゃった」と言うときのばか、「ばかみたい」と言うときのばかのように、羞いや、照れや、親しみを表すものでもある言葉です。

だれもべつに意識していなくとも、わたしたちは日常の場面では、そのように、それぞれに意をつくして、ニュアンスをいっぱいいっぱいに活用する。そうして、言葉をつつむ非情報的な領域を明るくしながら、コミュニケーションを成り立たせようとします。

言葉一つでどうにでもなるという言い方がありますが、どうにでもなるかどうかはともかく、「言葉一つ」というのはその通りです。ただ意味を表すだけでなく、ただ情報であるというだけでなく、確かに感じられるけれども、意味でもなく情報でもないものを、言葉によって伝えようという努力がなければ、言葉というものが信じられるものにはならないだろう。そう思うのです。

競争力と感受力

わたしたちは言葉のなかに生きていますが、意味のなかで生きているわけではありません。そうではなくて、むしろ、あいまいさのなかで生きていると言うほうが正しいかもしれません。何だかわからないけれども、そのあいまいさのなかに、コツンと当たるものがある。確かな当たりをもつ何かがある。あいまいな自分の現在というものを確かなものにしてくれるのは、その何かです。

何かというのは、自分で感じるものとしてしか言い表せない、およそ非情報的な、意味をなさないものでしかない何か、です。意味をなしていない、その漠然とした感覚のなかに、自分がここにいると感じさせるものがある。たとえば、古い寺で、古い木像をじっと見るときに覚えるような感覚。大事にしたいのは、そういう感覚の確かさなのです。

どんなに環境が変化しても、どんなに技術革新がすすんでも、はっきり言って、自分を確かにしてゆく言葉を見つける手立ては、あいかわらず自分という得体の知れないものしか、手がかりがないのです。ですから、得体の知れないものを、得体が知れないからといって粗末にすれば、自分というものがどんどん貧しくなっていってしまう。

得体の知れないものを斥けるのは、得体の知れないものはデータがなくて、競争の役に立たないからです。今日のインターネットまでふくめてのいわゆる情報革命とよばれる技術革新に求められているのは、先んじて新しい競争力を生みだすということです。

しかし、今からたずねられなければならないのは、果して新しい競争力でしょうか。勝つか負けるかでなくて、いつのときも競争の結果するのは、たいていは共倒れです。競争力というのは排除するちからのことですが、たずねられなければならないのは、排除する言葉でなく、ハグ（hug）する言葉、近づく言葉です。

あいまいさを切り捨ててゆくことによってでなく、あいまいさそのものを明るくしてゆくところに、求められる言葉の方向はあり、そうした力の方向感覚をうながすものは、競争力でなくて、感受力です。

感受力というのは、受容するちからです。他の存在によって、自分が活かされていると感じる。そうした他の存在というものをありありと感得させる。そういう言葉を手にできるかどうかで、社会の見え方、世界の見え方はまるで違ってきます。

「耳を洗え」と良寛は言った

言葉というのは、どこかに転がっているのでなくて、いつのときも心の秤に載っています。秤はバランスでできているので、こちら側に言葉を載せるとすると、反対側におなじ重さをもつ何かを載せなければならない。秤の反対側に載っているのは、経験です。

経験というのは、かならず言葉を求めます。経験したというだけでは、経験はまだ経験にはならない。経験を言葉にして、はじめてそれは言葉をもつ経験になる。経験したかどうかでなく、経験したことも、経験しなかったことさえも、自分の言葉にできれば、自分のなかにのこる。逆に言えば、言葉にできない経験はのこらないのです。その言葉によって、自分で自分を確かめ、確かにしてゆく言葉。経験を言い表すことができる、あるいはとどめることができるのが言葉ですが、言葉にするというのは、問いに対して、正しい答を出すということとは違い、正しい答をこしらえることではなくて、自分について自分で、よい問いをつくるということです。正しく問いを受けとめないで、正しい答を探すから、わたしたちは過つのです。

言葉と経験を載せている心の秤が、感受力です。感受力というのは、だれかに教えられて育つというものではなくて、自分で、自分の心の器に水をやってしか育たない、そういうものです。しかし、自分で自分というものを確かめてゆく方法でしか、確かにしてゆくことができないとすれば、どうすればいいか。

「耳を洗え」と言った人がいます。良寛です。良寛に、こういう詩があります。古い詩ですが、今にとどく詩です。

道を聞くには
宜しく耳を洗うべし
不《しか》ずんば道は委《し》りがたし

耳を洗うこと、それ如何ぞや
見地を存することあるなかれ
見地、わずかに存するあらば
道と相離支《りし》す
我に似たらば非も是となし
我に異ならば是も非となす
是非始めより己れにあり
道はすなわち斯《か》くのごとくならず
篙《さお》をもって海底を極む
ただ一場の癡を覚ゆるのみ

良寛は、一八世紀の半ばから一九世紀の半ば前まで生きた人。おなじように今も親しまれる一茶と、ほぼおなじ時代に生きた人です。良寛の遺したのは率直な清明な詩（漢文の詩）ですが、その詩に深く刻まれているのは、ひたすらに無心をのぞんだ人の、自分の生き方の姿勢です。

入矢義高訳（『良寛 詩集』講談社）によって現代語訳を読むと、

道について聞こうとするなら
（「聞く」というのは「学ぶ」です）
まず耳を洗うことだ
でなければ道は分かりっこない
耳を洗うとはどうすることか
我見をもたぬということだ

注によると、良寛の「見地」というのは「我見」ということ。すなわち、大事なのは、自分の先入観、自分の意見をもって、物事を見ないこと。

わずかでも我見がありさえすれば

（自分の意見が最初にきてしまえば）
道とかけ離れてしまうことになる
我見と似ていれば
（自分の意見と同じようであれば）
非も是《ぜ》とし
我見と異なれば
（自分の意見と違うものであれば）
是も非とするというのでは
是非の基準は始めから己《おの》れに在るわけだ

まず「我見」があるのではないのです。「我見」によってしかこの世を見ないというのは危ういのだと、良寛は記します。

道というものはそんなものではない

(自分の意見だけを言うのは)
竹竿で海の底を突こうとするようなもの
いかさま愚か者の見本というものだ

「宜しく耳を洗うべし」。まず耳を洗え、耳をきれいにしろ。良寛はあっさりそう言ってのけます。「耳を洗う」とは、耳をきれいにするということです。耳をきれいにするというのは、耳を澄ますということです。耳を澄ますというのは、心を澄ますということです。心を澄ますことができなければならない。心を濁すのはいかさま愚か者だからです。昔の人は「洗う」ということをとても重要な言葉としてつかいました。「洗う」ということを行為としてだけでなく、人の生き方の隠喩として、大切につかっています。心を洗う。耳を洗う。魂を洗う。今日の技術革新の時代に忘れられてきた、そして忘れられたままになっている一つは、この「洗う」が象徴しているような、人の生き方の姿勢に働きかける言葉のちからではないでしょうか。

世をおおう情報の大波のなかに見失われてきたもの、見失われているもの、見失われたままになっているものは、認めたくはないけれども、じつは、そうした人の生き方の姿勢に働きかける言葉のちからだ、とわたしは思っています。

未来はなお未だ来らず

不幸というのは、言葉が信じられなくなる、ということです。情報の時代がきて、言葉のあり方は、言葉をずっと信じられるものにしてきた思慮深さから遠ざかるようになりました。

情報はとても言葉に似たものですが、言葉とは違います。情報は現実のコピーですが、言葉は現実のコピーではありません。言葉は概念をふくみますが、現実のなかにないのが概念です。そのため、情報は概念を斥けます。概念は現実的ではないからです。

言葉で世界をとらえるのが、概念です。わたしたちのあいだにとりもどされなければならないのは、どこまでもあいまいな世界をとらえる、生き生きとした概念を生みだす言葉のちからです。

過去はすでに過ぎ去った
未来はまだやって来ぬ
また現在は止まってはいない
こうして移り変る時の中に頼れるものは何もない
…………
以前の考えを固守してはならぬ
新しい知見を追っかけてはならぬ
…………
尽くし尽くして無心の境に到達したら
始めて今までの誤りが分かるであろう

これも良寛の詩です（入矢義高訳による）。良寛がこのように記してから、一五〇年ちょっとが過ぎました。しかし、未来なお未だ来らず、です。

わたしたちに求められていることは、何でしょうか。言葉を信じるに足るものにすること。それだけです。

7 読書する生き物

目安をもちにくい時代

人は、記憶する存在です。さまざまなことを記憶し、さまざまなことを思いだし、そしてさまざまなことを忘れてしまう。いま、ここにある自分の位置を、わたしたちは意識しようとしまいと、しばしば、自分のもつ記憶からの距離で測っています。

身体があたかも記憶の容れものみたいな存在が、人という生き物と言っていいのかもしれません。記憶は人という生き物にとって、それほど重要ですが、記憶というのは硬い固形物のようなものではなくて、それぞれのなかに柔らかにかたちづくられてゆきます。記憶というのは、言い換えるなら、それぞれにとっての記憶の仕方のことです。

たとえば、道。あるいは、あるどこかの場所。そうしたものを記憶する記憶の仕方には、記憶の目安となるものがあります。道を訊ねられて、人が答えるのは、そこへゆくまでの道筋の目安です。橋だったり、公園だったり。または信号だったり、あそこの銀行の建物のところを曲がる、といったふうに、道筋にはさまざまな目安があります。

日本人の場合、道を教えるときには、まずたいていが家や建物を目安にしてきました。ところが、建物が新しくなる、区画が変わる、再開発されるということが当然になった今日では、道を訊ねられて答えるということ一つとっても、いつのまにか道筋に目安がなくなっています。昔からの店が消え、道端にあった大きなトチノキが伐られてなくなって、堀川は暗渠になり、橋の名はのこっていても、あるのは川のない橋ということだって、東京などではすくなくありません。

日本人の道の記憶の仕方、あるいは場所の記憶の仕方。そういったところでの確かな目安、当てにできる目印というのが、日々の光景のなかにだんだんになくなってきています。地下道はそうです。風景をもたない地下道では、地上にでるのには、Aの3と書かれた出口の階段を上るとか、どの建物のなかに入ると書かれた出口をでる。目安はぜんぶ言葉、すべて記号です。地上であれば、陽の差す方向を見れば、西か東か北か南か、およその時間の見当もつくけれども、地下道では、周囲の風景がいま、ここを語るということはしません。ですから、知らない街だったりすると、自分のいるところの見当もなかなかつけられないことがあります。

記憶というのは具体的な目安が手がかりなのです。しかし、今日わたしたちの記憶の仕方には、必要な目安というものがなくなっているのではないか。今の情報の時代で、ありあまる情報がわたしたちを取り囲んでいる。そう思っていても、ほんとうの話、ありあまる情報にはむしろ具体的な目安が、驚くほどなくなってきている。そう思えるのです。

記憶の容れものの問題

象徴的な言葉が、ニュースという言葉です。ニュースは英語ではＮＥＷＳと綴られますが、Ｎはノース、Ｅはイースト、Ｗはウェスト、Ｓはサウス。ＮＥＷＳという言葉のなかには東西南北が入っている。東西南北を知って、自分自身の位置を知るのがニュースです。しかし、どうか。ニュースによって自分自身の位置を知るということが、メディアの進化とともに容易になったかと言うと、そうではなくなっています。

今日を象徴するのは、ニュースに代わって、情報です。今日のような情報の過剰な時代を招きよせたのは、今ではだれも自分の位置を知るということがむずかしくなっているという状況ですが、ありあまるほどの情報に囲まれながらも、それでもやっぱり、情報の荒野の、どこか目安もないようなところに立たされているような、あてどない感覚がのこるのは、情報の主人公はどこまでも情報であって、あなたでもわたしでもないためです。

情報の言葉は、それによって自分の位置を知るための言葉でなく、それによってそれまで知らなかったことを知るための言葉なのです。情報の言葉は、先んじることがまずもって優先される、競争する言葉です。

情報で肝心なのは、それが新しい情報であるということ。ですから、それは絶えず更新され、新しくされなければならない。ただ問題は、絶えず新しくされてゆかなければならないために、情報というのは人の記憶の目安にはならないということです。人の記憶の目安というのは、そこに変わらずにあるもののことです。

情報の言葉をささえるのは、人のもつ記憶ではありません。情報機器をささえる「メモリー」とよばれる記憶装置です。よい記憶装置なしにはよい情報にならないのが、情報です。情報の言葉をささえる記憶というのは、どこまでも精密な機器にささえられているにもかかわらず、では、不確かな人間の代わりに、機器の「メモリー」がちゃんと記憶してくれるか、記憶しつづけてくれるかというと、話はそれほど単純ではありません。

記憶の問題は、その記憶をどこに、どんなふうに蔵っておくのかという、記憶の容れものの問題でもあるからです。長いあいだ、記憶の確かな容れものだったのは、紙でした。その紙が、確かなものどころか、ぼろぼろになって、やがてだめになるという状況に直面していると報じられたのは、ほんのちょっと前のことです。時が経つとぼろぼろになってしまう紙は、酸性紙という紙でした。

紙の表面をすべすべにしたり、インクが滲まないようにしたりするために、紙をつくる過程で、硫酸アルミニウムを添加したら、とても具合のよい紙になった。ところが、それから長いあいだのうちに、空気中のほんのすこしの水分で硫酸が遊離して、いつか紙の繊維がばらばらになってしまったのが、酸性紙。わたしたちが手にしている本のおおくは、近代製紙技術が生みだした、その酸性紙に刷られてきた本でした。

いつ、だめになるのか

ただ紙なのではなく、紙は、紙という記憶の容れものなのですから、その紙がぼろぼろになれば、人の記憶の容れものもぼろぼろになってしまう。たいへんだということになって、ようやくあらためられたのですが、はじめこそ都合よいけれども、いつまでもつのか、結果は知らないよということが、けっしてすくなくありません。酸性紙とおなじように、先がないと報じられた記憶の容れものに、マイクロフィルムがあります。

図書館にマイクロフィルムが入って、内外の主な新聞も何も、時代をさかのぼってぜんぶマイクロフィルムに収められて、これで大丈夫とされたのは、それほど昔のことではありません。ところがマイクロフィルムは、フィルムですから劣化する。それで三〇年ぐらい経ったところで、フィルムの劣化がおおきな問題になった。記憶装置として、人の記憶より確かなはずだった容れもののほうが、三〇年ほどで危ぶまれるものになった。

あるいは、テープです。テープというのは今ではカセット・テープのことですが、カセット・テープが登場したのは一九七〇年になってからで、それまではオープン・リールとよばれたおおきなテープでした。オープン・リール時代のテープはとうに影も形もありませんが、天下をとったカセット・テープにしても、いつまでつかえるかは、じつはよくわかっていないのです。二〇一〇年か二〇年頃までにカセット・テープ自体が劣化して、テープに入っているものはだいたいぜんぶだめになるだろうとも言われています。

レコードもそうです。レコードの時代を襲って、一九八〇年代の半ば、新たにCDの時代がきた。ところがそのCDも、何年もつかということは、予測がつかないでいるのです。二〇年とも、五〇年とも言われますが、どちらにせよ、先の短い有限の記憶装置であることは間違いありません。パソコンなどでつかっているフロッピーも、おなじです。これもどれくらいもつか、答えはありません。

二〇世紀後半に、機器による記憶装置はおそろしい勢いで発展しました。それでわたしたちは、目安なんかどうでもいい、すべて機械が記憶してくれるという方向に、舵を切りつづけてきました。今も切りつづけています。ところが、そうした真新しい記憶装置というのは、何年ももたない。しかも目の前には、記憶の目安、目印のない日々の光景しかない。そうであればこそ、一人一人の場所で確かめられなければならないのは、わたしたちの記憶というもののつくり方です。

この奇妙なものは何か

トルストイのロシア民話集、『イワンのばか』（中村白葉訳、岩波文庫）に、「鶏の卵ほどの穀物」という、わずか六ページほどの、短い、しかしとても胸にのこる話があります。

「ある時子供たちが谷間で、まん中に筋のある、鶏の卵ほどの穀粒に似たものを見つけた」というのが、その書き出し。まるで見たこともないものだったので、それを子どもたちから手に入れた人が、街へ行って、王様にそれを売る。

王様は賢人たちを集めて、訊ねます。

この奇妙なものはいったい何だ、卵なのか、穀粒なのか。ところが、だれもわからないのです。ただ、そのまま窓のところに置いたら、鶏がきてつついたので、穀粒らしいとわかります。

何の穀物か。王様は賢人たちに、図書館で調べるよう命じます。しかし、図書館でもだめ。「書物には、これについては、なんの記述もございません。これはやはり、農民たちに教えてもらうよりほかにありません」というのが、賢人たちの答えです。

そこで、王様は、うんと年寄りの農民を一人探すよう、命じます。

そして探しあてたのは、ひどく歳をとった、歯が一本もなく、杖も二本必要な老人です。王様は老人に鶏の卵ほどの物を見せますが、目が悪いのでよく見えないし、耳が悪いので質問もよくわからない。

それでもなんども訊ねて、王様がやっと得た答えは、「いいえ、こんな穀物をうちの畑に播いたことはありませんし、穫り入れたことも、買ったこともありません。おやじに訊いてみなければわかりません。ひょっとしたら、おやじなら聞いて知っているかもしれません」

そうして連れて来られた、うんと年寄りよりもっと年寄りの、たいへんな年寄りを見て、王様は驚きます。杖は一本きりで、息子の年寄りより一本すくなく、目も耳も不自由なし。質問にもすぐに答えて、「いいえ、私は播いたことも、穫り入れたことも、買ったこともありません。私のおやじにお訊ねになってください」

ところが、またまた連れてこられた、うんと年寄りのさらに年寄りの、もっとずっと年寄りの老人を見て、王様は仰天します。その、うんと年寄りのさらに年寄りの、もっとずっと年寄りの老人は、杖なしです。しゃんとして歩き、目も耳もいいし、言葉もしっかりしています。つまり、年寄りになればなるほど、いっそう頑健な老人がやってくる。

三人目の老人の答え

うんと年寄りがもっていなくて、うんと年寄りのさらに年寄りももっていなかった、けれどもうんと年寄りのさらに年寄りの、もっとずっと年寄りの老人が自分にもっているのは、気概です。

三人目の老人は王様の質問に、こんな昔の種子は見たことはないが、と言って、まだしっかりしている自分の歯で、種子を嚙んでみて、「あ、これだ」と。自分の元気だった頃には、これはどこにでもたくさんあった。ずっと自分たちはこの穀物を食べてきた。そう言うのです。自分で播きもしたし、穫り入れもしたし、籾《もみ》打ちもした、と。

老人は言います。「わたくしの畑は、神さまの地面でした。どこでも、鋤《すき》を入れたところが畑でした。土地はだれのものでもありません。自分の地面などということは、言わなかったのです。自分のものというのは、ただ自分の働きということだけでした」

王様はどうしても訊ねたかった二つのことを、老人に訊ねます。

一つは、どうして昔はこんなおおきな穀物ができて、今はできないのか。

もう一つは、どうしてあなたの孫は杖を二本ついて歩き、あなたの息子は杖を一本ついて歩くのに、あなたは杖もつかずに楽々と歩いてきて、目はそのとおり見えるし、歯は丈夫だし、言葉もてきぱきして、そんなにも元気そうなのは、どういうわけか。

その質問に対する、うんと年寄りのさらに年寄りの、もっとずっと年寄りの老人の答えが、この物語のおしまいです。老人は言います。「それは、人が自分で働いて暮らすということをやめてしまったからです」

新しい世代になればなるほど、目はだめ、歯はだめ、足もだめになっている。どうして、こうした逆説的なことが生じるか。王様にはわからない。賢人たちもわからない。だれに訊いても知らない。

その「わからない」「知らない」ということは、じつは人びとの記憶というものに係わっています。それが謎だというのは、その謎に答えられるだけの、記憶のもちあわせがないからです。

記憶の目安

うんと年寄りのさらに年寄りの、もっとずっと年寄りの老人が、問われたことに答えられたのは、頭がよいからではありません。それに答えるだけの記憶をもっていた、それもゆたかにもっていた、ということのためです。三代前にさかのぼって、その三代前の人ならば、自分の記憶の引き出しから、答えをとりだすことができた。

うんと年寄りのさらに年寄りの、もっとずっと年寄りの、三代前の老人は、それが何かという記憶を、自分の心のうちにもっている、ということです。そうした記憶の働きというものを、わたしたちは失っているのではないかということを、トルストイは鮮やかな語り口で、短い短い物語に書きとどめます。

民話なんて何のいまさらと思われるかもしれませんが、それは違います。問われているのは、わたしたちが記憶の働きを、自分のものとして、元気な心の働きとしてもちえているかどうか、ということなのです。そういう記憶の仕方というのを、とくに昨今むやみな勢いを見せる技術革新の時流は、ちからづくで押しのけてきた。

民話ですから、荒唐無稽にみえますが、この物語の芯になっているのは、ひとを現在に活かすものとしての、記憶の目安です。記憶の目安があってはじめて、自分たちにとってのとりかえのきかない記憶が引きだされる。そうして確かにされた記憶から、日々に必要な物語がつくられる。

新しい物語が、必要な物語のぜんぶではありません。むしろ年寄りになればなるほど、身体はしっかりして、記憶がはっきりしてゆく。トルストイのこの小さな民話につらぬかれているのは、進歩あっての文明というもののあり方に対する痛烈な逆説です。

さんざんやるだけのことをやった末に、自分たちをゆたかにする記憶の目安をなくしつづけてきたことにやっと気づきかけて、あっちをむいても何もない、こっちをむいても何もないということに慌てている。それがわたしたちの目の前の現在であるように思えます。

トルストイなんか古い、イワンのばかなんか古いとしてきながら、その一方で、わたしたちは文明の対重（カウンターバランス）として、このようなトルストイの話の伝えるような逆説的な真実を必要としてきたのではないでしょうか。

『イワンのばか』が岩波文庫で最初にでたのは、昭和七年、一九三二年。手元にあるのは、一九九四年にでた六九刷ですから、昭和の戦争の時代をふくめて、平均すれば一年にだいたい一度ずつ重版されて、この国でもずっと読み継がれてきた。

その意味では、この『イワンのばか』自体、記憶の目安であるような一冊の本と言えます。本にとって記憶の目安となる以上に、のぞましいあり方はありません。

心のなかにもっている問題

記憶の目安を確かにするのは、ひとが心のなかにもつ問題です。

ひとの記憶の目安となるのは、自分の言葉を見つけたという思いがそこにのこっているような時と場所のことであり、そうして、自分の言葉を見つけるということは、自分の心のなかにもっている問題をみずからいま、ここに確かめる、確かめなおすということだからです。

読書というのは、実を言うと、本を読むということではありません。読書というのは、みずから言葉と付きあうということです。みずから言葉と付きあって、わたしたちはわたしたち自身の記憶というものを確かにしてきました。

記憶を確かにするということは、自分がどういう場所にいて、どういうところに立っているか、東西南北を知るということです。

心のなかにもっている問題がある。どういう問題かというと、わたしたちは心のなかに、言葉にできない、あるいは言葉に言い表せない、なかなかかたちにならない問題をもっている。

それは言葉でははっきりと言えないし、かたちもはっきりとわからないけれども、そこに問題があるということは、はっきりと感じられるし、はっきりと自覚してもいる。そういう心のなかにもっている問題を、自分で自分にちゃんと指さすことができるかどうか。そのことが人の言葉との付きあい方の深さを決める、そう思うのです。

自分ではなかなか気づかない。実際にある言葉を口にして、その言葉で何かを言い表そうとして、どうしてもその言葉で言い表せない、あるいはその言葉で言い切れない、その言葉の外に余ってしまうものがあると感じる。その感じをくぐるうちに、自分の心のなかにある問題を発見する。

そのように、言葉で言えない、かたちはとりにくいけれども、はっきりそこにあると感じられる問題というものを、一つずつ自分の心のなかに発見してゆくということが、ひとが成長すること、歳をとるということだろうというふうに、わたしは思っています。

言ってみれば、自分の心のなかにもっている問題の数というのは、ちょうどその人の年齢にひとしいのでないか。逆に言えば、年齢というのは、その人が自分の心のなかにもっている問題の数ときっとおなじだ、と思うのです。

言葉で言い表すことができないものがあるというのは、言葉というのは表現ではないのでないかということです。

言葉は表現ではない

言葉は、ふつう表現と考えられています。しかし、本当はそうでなく、言葉はむしろどうしても表現できないものを伝える、そのようなコミュニケーションの働きこそをもっているのではないかということを考えるのです。

言葉というのはその言葉で伝えたいことを伝えるのではない。むしろ、その言葉によって、その言葉によっては伝えられなかったものがある、言い表せなかったものがある、どうしてものこってしまったものがある、そういうものを同時にその言葉によって伝えようとするのです。

おなじ一つの言葉でも、その言葉でおたがいがもっているのは、おなじ一つの意味ではありません。たとえば、「社会」というような言葉。その「社会」という言葉は、車を指して、「これは車です」とか、松の木を見て、「これは松の木です」というふうに、そこにあると指して言うことができません。

「これは社会です」と何かを指して言うことのできない、そういう言葉があります。そのような言葉で言い表されるものというのは、その言葉によってそれぞれが自分の心のなかに思いえがくもののことです。

ですから、それは、それぞれに違います。そうであって、それは、おなじ一つの言葉です。その言葉によって自分の心に思いえがいたものを伝え、そして同時に、その言葉によって言い表すことのむずかしかったもの、むずかしいものを伝える、そういったコミュニケーションのあり方を大事にできなければ、何か大事なものが、気づかぬままに人と人のあいだから脱落していってしまいます。

読書のコミュニケーション

コミュニケーションと言うと、情報をとること、交換することがコミュニケーションであるように考えられやすいけれども、情報とコミュニケーションというのは比例するものではなくて、ほんとうは反比例する性質をもっています。

情報がふえればふえるほど、逆にコミュニケーションはすくなくなってゆく。あるいは、浅く、小さくなってゆく。「知らなきゃ話になンない」という言い方があるように、知るものと知らないものを、情報は分けてしまう。おたがいのあいだに、知っていなければお話にならないディスコミュニケーションの状況を、情報は現出させるのです。

コミュニケーションは情報によって代替できないことを、もっとも対照的に示すものは、読書のコミュニケーションのあり方です。

読書というのは、どういうコミュニケーションなのか。読書のコミュニケーションというのは、言葉のコミュニケーションですが、言葉のコミュニケーションというのは、答えの決まっているもの、こういう問題があって、それに対してこういう答えがあるというような、模範回答があるというコミュニケーションとは違います。

その反対に、それは答えの決まっていない、あるいは答えというもののない、答えはないけれども、問いがあり、問いはさらなる問いを問い、問いを求めて答えを求めない、ある意味で落着を求めないコミュニケーションというのが、言葉のコミュニケーションというものだろうというふうに思えます。

読書について言えば、ですから、答えを求めて読むのではなく、ひたすら読む。じっくり読む。ゆっくり読む。耳を澄ますように、心を澄まして、言葉を読んでゆくほかに、読書のコミュニケーションはないというふうに、わたしは思いさだめています。

そこに伝えられないものがある。言い表せないものがある。はっきりと感じられているけれども、どうしても言葉にならないもの、言葉にできないままになってしまうものがある。何かとしか言えないような何かがある。

言葉から、あるいは言葉によって、そうした沈黙、そうした無言、そうした空白というものをみずからすすんで受けとることのできるような機会をつくるような、そういったコミュニケーションのあり方を大事にしてゆくことを考えたいと思うのです。

そうした沈黙、そうした無言、そうした空白が体《たい》しているものが、それぞれに心のなかにもっている問題なのであり、なくしてはならない記憶の確かな目安だからです。

言いたいことを言えば、たがいにわかりあえるだろうというのでなく、何をどう言ってもうまく語れない、言葉がとどかない、たがいにわかりあえないというところからはじめて、自分の心のなかにある問題を、あくまで切り捨てない。言葉を馴れ馴れしくつかうことが、言葉に親しむということなのではありません。

読書というコミュニケーションは、ちょうどテニスのようにおたがいがむきあって言葉を打ち込むことではなくて、スポーツで言えば、テニスに似ながらテニスとはまったく異なる、スカッシュという競技があります。

たがいにおなじ方向をむいて、壁にボールを打ち込む競技。壁にむかって、全力で自分の打った球が、相手のところにもどってくる。次の瞬間、今度は相手が壁に打ち込んだ球が、自分のほうへもどってくる。その、スカッシュの壁というのが、おそらくわたしたちのもつ言葉というもの、そしてわたしたちにとっての本というものだろうと思うのです。

忘れたくないこと、確かめておきたいことは、一つです。記憶する生き物としての人間をつくるのは、あるいはつくってきたのは、そう言ってよければ、読書する生き物としての人間だ、ということです。

8　失いたくない言葉

もう読書の時代ではない？

金沢の詩人、室生犀星の詩に、

ふるさとは遠きにありて思ふもの
そして悲しくうたふもの

とはじまる、「小景異情（その二）」という有名な詩があります。日本人のふるさとのイメージを彫りこんだこの詩行は、ひろく世に好まれて、さまざまに引用され語られてきた詩ですが、このように知られてきた詩行というのは、さて、わたしたちにとって情報の言葉なのでしょうか。それとも、読書の言葉なのでしょうか。

詩を読む。そして「ふるさとは遠きにありて思ふもの」という一行を覚え、記憶する。それは「読むこと」、すなわち、読書です。片や日本の近代の、無数無名の出郷者たちの思いをうたった室生犀星のうたであるというのは「知ること」、すなわち、情報です。

情報という言葉が、時代の幟《のぼり》のようにつかわれるようになってずいぶんになります。情報について語られる言葉には特徴があって、それは、ほとんど未来形によって語られるということです。これからの時代になにより求められるのは開かれた情報である、というふうに。「これから」を語るために語られ、論じられてきたのが、情報です。

反対に、読書をめぐる言葉は、どうかすると過去形によって語られ、「これまで」を語る言葉にとどまっています。今はもう読書の時代ではない、というふうに。けれども、そんなふうに、読書と情報を「これまで」から「これから」へという文脈で語ろうとすれば、誤ります。

質されなければならないのは、情報のかたちや読書のかたちは、これからどうなってゆくか、ではありません。そうではなくて、いま、ここに、あらためて質されるべきことは、そもそも情報とは、読書とは何だろうかということです。

いつだったか新聞の家庭欄に載った、とても興味ある投書を読んだことがあります。結婚している女性の投書でしたが、夫はたいへん本が好きである。何かというと、すぐに本を買ってくる。ただ、全然読まない。積んで置いておくだけなので、家中いまや本だらけだ。夫の買いもとめてきた本を、女性は読んだことがない。自分はたくさん本を読むと思うが、読むときは図書館から借りてきて読む。つまり、こういうことです。夫は本を買うが、読まない、自分は本を買わないが、読む。

夫の仕事の都合で転勤がつづき、引っ越しが繰りかえされるのですが、引っ越しでいちばん厄介な家具は、じつは本。ものすごくかさばって、ものすごく重いのです。どんな頑丈な家具より、本そのもののほうがずっと重い。それでその女性は、引っ越しのたびに考え込むそうです。読まない本も、どうして引っ越しと一緒にもってゆかないといけないか、と。

「育てる」文化と「分ける」文化

読書についてのおもしろい問いかけが、この投書には隠れています。この女性の夫のように、本を買ってきて読まないのは、何のための本なのか。

かつて「積ン読」という言いまわしがありました。読まずに本を積んだままにしておくうちに、なんとなく読んだような気分になるのが「積ン読」。本を買ってくるのは、気になって買ってくるのです。気になって本を買うのは、そこにあるだろう情報を手に入れたいから、情報としてその本を求める。しかし、情報の価値は情報を手に入れることにあるので、手に入れれば、とりあえず気もちは落着く。というわけで、本を買ってくる。しかし、読まない。

この投書の女性のほうは、あくまで読書のための読書を、本に求めている。ですから、べつに本を所有しなくともかまわないのです。

読んで頭に、あるいは心に蔵うという読み方ですから、場所はとらない。荷物にならない。二人で暮らしていて、一人は、本はあるが読まない。もう一人は、本はないが読んでいる。あたかも、一人が情報の文化を代表し、もう一人が読書の文化を代表しているかのようです。

比喩で言うと、読書は、蜜柑の木のようなもの。情報は、その蜜柑の木になる実のようなものです。実は木からもぎとって、別の場所へもってゆくことができる。あるいは、読書が種蒔《ま》きだとしたら、情報はその収穫物です。収穫物は、別の場所へ動かすことができる。しかし、動かずにそこにあるのは、木であり、畑です。そのように、ひとの心の風景のなかにある、実のなる木であり、種子を蒔く畑であるのが、読書です。

今日の暮らしをささえている仕組みというのは、大雑把に言えば、モノを生産し、製造する。そして生産され、製造されたモノが物流し、流通していって、日々の土台というべきものをつくっている。その伝で言うと、読書というのは生産・製造に似ています。そして、情報というのは物流・流通に似ています。

生産・製造に似ているというのは、たとえば種を蒔くこと、蜜柑の木を育てることといったことには、どうしても必要なものがある。必要なものは、努力です。育てるということに十分に努力しなければ、穫り入れは期待できない。

ところが、ひとがモノを手に入れるのは、それを享受するため、ということです。ですから、どれだけ自由に楽しむことができるか、享受することができるか、という人びとの要求に、どんなふうにこたえられるかが、物流・流通の基本です。

その対比を用いれば、読書の核をなすのは、努力です。情報の核をなすのは、享受です。読書は、個別的な時間をつくりだし、情報は、平等な時間を分け合える平等の機会をつくりだします。つまり、読書と情報は、一見とてもよく似ている。似ているけれども、おたがい似て非なるものです。読書は情報の道具ではないし、情報によって読書に代えるというわけにはゆかないからです。

簡単に言ってしまえば、読書というのは「育てる」文化なのです。対して、情報というのは本質的に「分ける」文化です。

情報としての読書がつくりだすもの

二〇世紀が終わりにむかうころからずっと、わたしたちの社会のあり方をおおきく揺さぶってきたのは、技術革新の大波です。

わたしたちの生活の様式、文化の環境はそのなかで思いもしなかったほど変わったし、何もかもがらりと違ってきた。しかし、落ち着いて考えるなら、すべてが変わったのではなく、根底から変わったのは、「分ける」文化のあり方です。

たとえば、コンビニエンス・ストア。略してコンビニ。一九九〇年代のはじめ頃には、まだまだそれは津々浦々の言葉ではありませんでした。それが今では、津々浦々の日常生活の場面を表す、生きた言葉になった。

コンビニが狙っているのは、その通り人びとの日常のかたちをなす「分ける」文化です。コンビニにあるのは、八百屋にあるもの、魚屋にあるものとは違う、すべてできあがったもの、つくられたものです。

コンビニに代表されるのは、できあがったもの、つくられたものを分けていくという文化のかたちです。コンビニエンスは、もともと便利、便益、便宜という意味の言葉ですが、そうした便利、便益、便宜であるコンビニエンスを、どのように、どれだけもたらすことができるかということこそ、「分ける」文化の眼目です。

日常の場面においてだけでなく、国々の政治や経済をめぐっても、たとえばGATT（ガット、関税と貿易に関する一般協定）の交渉などでも、中心となる課題は、つねに「分ける」文化の問題です。

国境を越えて、夢を託すように語られるのは、まずなべて「分ける」文化の未来についてです。けれども、「育てる」文化の問題はと言うと、農産物をめぐってそうであるように、もはや頭の痛くなる問題でしかありません。

社会が「育てる」文化を育てられなくなっているのです。二一世紀になった途端に、いままでずっと技術文明にささえられてきた社会が直面することになったのは、「分ける」文化の未来と可能性とは裏腹の、「育てる」文化の困難と衰退です。

どこもおなじ風景

市場社会の確かさを測って、経済の足腰が弱いというふうに言います。そうした常套語も、もとは「育てる」文化である製造業が弱体化した現状を指して言う表現です。また、よくつかわれる、産業の空洞化というような常套語にしても、それは、生産の拠点が海外に移ることを意味しますが、この場合の空洞というのも、生産の拠点、すなわち「育てる」文化の拠点をなくすことを意味しています。

コメの輸入をめぐって、かつてずいぶん騒がれたのも、おなじです。コメをどう「育てる」かではありません。問題になったのは、コメをどう「分ける」かでした。この国の経済のあり方において、「育てる」文化をどんなものより代表してきたコメですら、「分ける」文化の下では、これまでのように優先されなくなった。「育てる」文化と「分ける」文化というのは、拠って立つものが違います。「育てる」文化の基本は、個性です。「分ける」文化の基本にあるのは、平等です。今日の世界にひろくゆきわたったのは、平等の文化の景色です。

たとえば、空港の風景です。TVのニュースなどで空港がうつっていても、空港の名も周囲の風景も画面になければ、ナイロビの空港もカルガリーの空港もシンガポールの空港も、おそらく区別できないでしょう。世界のどこだろうと、空港の風景はそっくりおなじです。「分ける」文化がもたらす平等化は、どこでもおなじ風景というところにまで行き着くのです。

「分ける」文化というのは、きわめて平等であるけれど、またきわめて画一であることも事実です。ファストフードの店やチェーン・ストアなどは、どこも変わらないことを原則とするマニュアルに従って、人びとの暮らしのなかに、明るい平等な空間をつくってきました。そうした平等の機会によってだれもがいろいろなモノ、さまざまな時間を手に入れるようになり、楽しむことができるようになったのは事実です。

ただ、どこでもおなじものを手に入れられるというのは、どこへ行っても独自のものはなくなったということでもあって、日々の景色から消えたのは、そのモノ、その場所、その時間というような、個性を感じさせるような光景です。

音楽に象徴される文化のあり方

技術革新がもたらした明るい平等によって、わたしたちが何を得、何を失ったかを、もっとも劇的に体現してきたのは、音楽の享受だろうと思います。

二〇世紀の「分ける」文化の進展を、音楽の享受のあり方ほどそのままにうつしだしてきたものはありません。

わずか一〇〇年ほど前には、音楽を聴く方法は、生演奏のほかには、心耳のほかにありませんでした。つまり、楽譜を読んで、心の耳でその音楽を聴くほかなかった。

そうだった音楽を二〇世紀の大衆文化の枠としたのは、音楽の享受の仕方を、根本から変えてきた技術革新です。それによって、それまできわめて特権的な言語だった音楽は、とことん大衆的な言語になった。

「分ける」文化の申し子といっていい二〇世紀の音楽の享受の変化ほど、この時代の文化のあり方の変化を先んじて表しているものはないと言ってていいかもしれません。

技術革新の女神にみちびかれた二〇世紀の音楽の享受の変化は、それほどどんなものより速かったのです。ポピュラー・ミュージックは二〇世紀という時代が生んだ大衆芸術ですが、「分ける」文化というものの、享受という特質をもっとずっと端的に示すものは、むしろクラシック音楽です。

音楽について言えば、技術革新というのは、すべて「分ける」文化の技術革新でした。決定的だったのは、言うまでもなくレコードの登場ですが、新たな産業としてレコード会社が最初にできるのがアメリカは一九〇二年、日本でもその五年後の一九〇七年と言いますから、二〇世紀という時代の音をそっくりそのまま刻んできたのが、レコードです。

音楽というのは、もともとは典型的な「育てる」文化です。しかし、二〇世紀という時代のレコードが生んだのは、「分ける」文化としての音楽です。

レコードは、第一次世界大戦後がＳＰ、第二次世界大戦後がＬＰ、冷戦の時代に入ってステレオ、それに平行して、六〇年代にはオープン・リールのテープ、七〇年代になると爆発的にカセット・テープが一般的になり、さらに八〇年代になると録音がアナログからデジタルに移り、ＣＤが出現します。そしてＣＤがすべてになったと思ったら、それを引っくりかえすように、ＭＤがでてきます。

九〇年代に入ってからは、音楽もまたインターネットによって、さらに新しい局面に突っ込みますが、そして、そうやって技術が先走って変えてきた、音楽の享受の予測できない未来はおよそ不安定なままですが、そうした一切というのは、つまりはぜんぶ「分ける」文化のあり方をめぐっての話なのです。

かつてＬＰのレコードが全盛だったときには、最高のオーディオ再生装置をもつことが競われるようなことがありましたが、そうした自慢を要しないのが、その後に世にでてきたＣＤという「分ける」文化の装置です。高価な機器でなくとも不自由しない、音楽をだれでも享受できるＣＤのような技術革新によって、平等化はどんどんすすんだのです。

「分ける」文化のもつべきゆたかさ

ＣＤは、シティズンズ・デモクラシーの略語だと思いたいほど、音楽の享受を開かれたものとしました。ＣＤによってもたらされたのは、デジタル化という開かれた技術によって容易となった、音楽ソフトの圧倒的な充実です。

よい音源があればＣＤは可能です。どんな音もきれいに取り込める特性をもつＣＤによって、クラシック音楽であれば亡きフルトヴェングラーの指揮する伝説的な名演奏など、おおくの幻の演奏がよみがえりました。

音楽のもつゆたかさをだれもが実感できるものにし、だれにも楽しめるものにしたのが、ＣＤです。ＣＤの出現によって、音楽の世界が覆ったと言うのではありません。そうではなく、「分ける」文化そのもののＣＤによって運び入れられた、音楽の世界の途方もないゆたかな中身は、この一〇〇年にレコードが営々としてつくってきた数知れない音楽ソフトの蓄積と遺産がなかったら、なかったということを考えるのです。

本について言えば、たとえば、よい辞書をつくるには、気の遠くなるような長い時間を要します。代表的な国語中辞典の一つ、広辞苑の場合でも、初版までが二〇年、第二版までがさらに一四年というふうに、辞書という「育てる」文化をよく熟成させてきたものは、時間です。今はきわめて使い勝手のいい電子辞書もある広辞苑ですが、そうした新しい「分ける」文化のかたちにしても、やっぱり、もとに活字本としての広辞苑にそなわる生きた時間の蓄積と遺産あってのことなのです。

それが「分ける」文化のもつべきゆたかさの秘密です。「育てる」文化のゆたかさがあってはじめて、新しい技術革新が先導する「分ける」文化のゆたかさはあるのだ、ということです。その意味では、今日の「分ける」文化の隆盛のなかでの難題は、「育てる」文化というのがすっかり魅力を失ったものになろうとしていることです。

本の世界にあっても、本が個々人の読書のための本でなく、情報のデータのための本のようになって、日々に次第に失われてきたのは、読書という親しい習慣です。本を読む人をつくりだすのは、習慣としての読書です。情報としての読書がつくりだすのは、本を読まない人です。

「蓄える」文化の必要

享受が求められて、努力が求められなくなって、わたしたちが目の当たりにすることになったのは、「分ける」文化につよくなり、「育てる」文化に脆くなった、わたしたちの社会の光景です。

情報の時代というイメージにつつまれた社会というのは、あくまでも中心は「分ける」文化ですから、「育てる」文化はどうしても重んじられなくなるのです。この国が、情報社会として「分ける」力をつけるにつれて、逆に、教育社会としての「育てる」力をなくしてきたのは、ある意味では、当然の結果です。

そうであればこそ考えたいのは、「育てる」文化と「分ける」文化を繋ぐものについてです。繋ぐものというより、繋ぐちから、というほうがいいかもしれません。

たとえば、農作物で言えば、育てたものを市場で分けるには、めいめいの収穫物を、集荷場や倉庫に集めて、蓄えます。そうやって集めて、蓄えることから、物流というのははじまります。つまり、「育てる」文化と「分ける」文化のあいだには、その真ん中のところにもう一つ、繋ぐちから、繋ぐ文化がある。それが「蓄える」文化です。

「育てる」文化になくてはならないのが、「蓄える」文化です。「分ける」文化にもまた、なくてはならないのが「蓄える」文化です。

ただ、「蓄える」という文化の働きは見えにくく、ちょっと見にはなかなか見えません。にもかかわらず、どんな時代にも、社会の力量というものを左右するのが、じつは、その見えない文化のちからです。「蓄える」文化がゆたかな社会は、底力がつよい。「蓄える」文化の貧しい社会は、底力がない。そう言って、まず間違いありません。

「蓄える」ちからを積まずに、目先目先で、ずっとやってきた、そんなふうに「蓄える」文化をずっと軽んじるままできたことの結果が、「分ける」文化にはつよくても「育てる」文化には脆くなった、今日という時代なのではないでしょうか。

いま必要なことは、「蓄える」ちからというそのもう一つの視点から、わたしたちの「育てる」文化と「分ける」文化の均衡を失したありようを、まっすぐに見つめなおすことです。

というのも、「蓄える」文化なしには文明はないからです。そのことをすぐにも想起させるのは、古代エジプトのアレキサンドリアの文明で、アレキサンダー大王の遺した夢を実現したという、その壮大な文明の中心をなしたとされるのが、五〇万冊の蔵書を誇ったという伝説のアレキサンドリア図書館です。

アレキサンドリア図書館の教訓

世界から英知の書を集めたというアレキサンドリア図書館は、何のためだったか。それは、普遍性への夢を体現しようとした試みだった。歴史家はそう見ていますが、図書館はまさに「蓄える」文化そのものであり、アレキサンドリア文明の生気となったのは「蓄える」文化です。

しかし、アレキサンドリアは滅んでしまう。そのアレキサンドリアの滅亡の象徴となったのも、伝説のアレキサンドリア図書館です。

アレキサンドリアの滅亡とともに、図書館もまたすべて灰燼に帰し、今はそこにはただの一個の石も遺っていません。膨大な蔵書はどこへ消えたか。

さまざまな推測のなかには、とんでもない風説もあって、それは、図書館の本をぜんぶ、エジプトを征服したアラブの将軍の命で、アレキサンドリアの公衆浴場に配分して、燃料にしてしまった。それでもあまりに膨大な数だったので、燃やしつくすのに六カ月かかった、というのです。

「蓄える」文化を失わせるものは、「消費する」文化です。もっとはっきり言えば、「消費する」だけの文化です。

古代アレキサンドリアのゆたかな「蓄える」文化は、ただただ本を燃料として「消費する」だけで、すっかり無に帰した。それが事実かどうかは別として、「蓄える」文化の消失はすなわち文明の消失にほかならないということを、アレキサンドリアをめぐる風説は後世に伝えています。

実際、いつの世にも、「蓄える」文化というものを担ってきたのは、図書館の思想です。その昔、この国の僧侶たちは、仏典を求めて、遥かなチベットまで困難な長い旅をつづけました。それは僧侶たちにとって、ただ個人の信仰の錬磨をのぞんでの行旅ではありませんでした。そんな困難な長い旅が何のためだったかと言えば、おおくが途上で倒れるような旅のあげくに持ちかえった仏典の不変の知識を、この国の寺に

「蓄える」ためです。言葉と知識を「蓄える」ことが信仰の深さの岩盤になった。

問われなければならないのは

社会を深いところで変えるのは、人びとの文化に対する考え方なのです。社会のあり方を律するのは、いつのときでも結局のところ人びとが日々に分けあう考え方です。考え方の転換の必要をおしえた身近な例の一つに、石油があります。

一九七〇年代初め、中東戦争のあおりでアラブ諸国が原油の生産と輸出を規制して、世界に石油危機（オイル・ショック）が起きた。石油がなくなればあれもなくなる、これもなくなるというので、日本でもみんながトイレット・ペーパーの買いだめに走るという騒ぎになり、社会的な不安がひろがった。

人々の考え方が変われば社会のしくみは変わってゆくと実感できる機会は滅多にはありませんが、このときの石油危機がこの国にもたらした変化は、そうした社会的な経験だったように思います。

石油について言えば、それまでの、石油は「消費する」文化だという考え方から、石油は「蓄える」文化だという考え方へ、そのときに人びとの考え方が足元から変わった。そしてそれからは、石油はこの国において「蓄える」ことが基本になった。

その後にも、七〇年代後半のいわゆるイスラム革命で、ふたたび石油危機が生じます。さらに、八〇年代の終わりには、産油国を巻き込んで湾岸戦争が起きた。それでもこの国では、石油危機のような社会的な動揺はもう起きない。「消費する」文化としてしか考えられなかった石油にして、「蓄える」文化として考えられなければ、人びとの日々を富ますものにはならないのです。

けれども、本という文化について言えば、昨今この国にあって、本という文化は「蓄える」文化たりえているでしょうか。情報、情報という時代の掛け声の下で、しばしば人びとの活字離れや読書経験の欠落が語られますが、「蓄える」文化としての本のありようが問われることはなく、語られるものはもっぱら、市場を賑わす「消費する」文化としての本のありようについてです。

「分ける」文化としての本にはつよくなった。しかし、「育てる」文化としての本にはめっぽう脆くなった。今日の本の世界のそうしたあり方が変わるには、本という文化についての考え方の転換が、一人一人に求められていると言うべきです。

石油についての、石油危機以前と以後では一八〇度変わった考え方が、それから「蓄える」文化を可能にする新たな仕組みを社会につくっていったように、「蓄える」文化としての本のありようの可能性が、社会に問われなければならないのです。

読書からはじまる

問われなければならないのは、「育てる」文化と「分ける」文化とを繋ぐ場所としての、ありうべき「図書館」という思想です。

ありうべき「図書館」というのは、ただの建物なのでも、ただのシステムでも、ただのサービスでも、ただの行政の一環にすぎないのでもありません。「図書館」がわたしたちにとってなくてはならない場所であるのは、人びとの記憶の庫《くら》としての「図書館」という場所が、わたしたちの社会にとって、遠くを見はるかす展望台のひろびろとした空気のように必要だからです。

人びとにとっての元気がいい日々をつくりだすのは、信じられないかもしれませんが、元気のいい「図書館」です。元気のいい「図書館」というのは、そこに本のある場所なのではありません。本の世界がつくってきたゆたかな時間がある場所です。『薔薇の名前』という壮大な想像された図書館の物語を書いたウンベルト・エーコという作家は言いました。図書館というのは「生き物」なのだ、と。

もう一度、室生犀星の詩をめぐる、最初の質問にもどります。

ふるさとは遠きにありて思ふもの
そして悲しくうたふもの

とはじまる有名な詩がわたしたちにくれるものは、情報の言葉なのでしょうか。それとも読書の言葉なのでしょうか。おそらく、そのどちらでもあり、そのどちらでもないと言うべきです。犀星のそのような詩の言葉は、蓄えられる言葉、蓄えられてきた言葉だからです。

すべて読書からはじまる。本を読むことが、読書なのではありません。自分の心のなかに失いたくない言葉の蓄え場所をつくりだすのが、読書です。

あとがき

人は読書する生き物です。人をして人たらしめてきたのは、そう言い切ってかまわなければ、つねに読書でした。

読まないでいることができない。それは人の本質的な在りようであり、それゆえ人のこの世の在りようを確かにしてきたのは、いつのときも言葉です。

この『読書からはじまる』であらためて考えたかったのは、そのようなきわめて人間的な行為にほかならない読書というものの未来です。

人の不確かな人生に読書がもたらすものは存在の感覚であり、また存在の痕跡です。いつも胸底にある、人生の贈り物としての読書についてうたった幕末の人、橘曙覧《たちばなのあけみ》の歌。

たのしみは　人も訪《と》ひこず　事もなく　心を入れて　書《ふみ》を見る時

たのしみは　世に解きがたく　する書《ふみ》の　心をひとり　さとり得し時
たのしみは　そぞろ読みゆく　書《ふみ》の中《うち》に　我とひとしき　人を見し時

『読書からはじまる』は各地の講演草稿から、すべて新しく書き下ろしたものです。

解説

池澤　春菜

わたしは本が好きです。

わたしから好きなものを一つずつ取っていったら、最後に残るのは本だと思っているくらい。きっと、これまで取るならいっそ殺してくれ、と言って大の字になって寝転んでわぁわぁ泣き叫ぶくらい。

小さい頃から、本に夢中でした。本には外から課せられる制限がありません。文字が読めるようになったら、後はずっと、どこまでも、本と自分の世界だけが続きます。読めない漢字も、理解できない内容も、自分で乗り越えていくことができるのです。スタートラインから後は、どこをどう旅するのも自由。わたしは行ける範囲を広げたくて、大人向けの本でも実用書でも、片っ端から飲み込むように読みました。理解ができるかどうか、立ち止まって判断する時間も惜しかったのです。

本が好き、本が見せてくれるものが好き。

全ての本は、どこでもドアです。開ければ異なる世界、異なる時代、宇宙の果てにだって連れて行ってくれる。今、ここ、が辛かったわたしは、今ではない、ここではないどこかに連れて行ってくれる本がなければ、人生のどこかで生きることを諦めていたかもしれません。

ただ、わたしにとってそれだけ大事な本のことを、理解してもらうことはなかなか難しいのです。多くの人は、本なんて読まなくても生きていけるらしいのです。何時間でも身じろぎもせずページの中に没頭し、強《こわ》ばった体で、頭の中を活字でいっぱいにして顔を上げる、まだ半分魂が本の中にある、その幸せを知らなくても生きていける……まさか！　でも、むしろ、多くの人にとって、本は苦痛の種であったりするらしい……本当に？　いや、そんな……信じられないけれど、それが大多数なの？

だけど、わたしが持っている、本を語る言葉はあまりに力不足です。というより、本の存在が大きすぎる。大げさでなく命を救ってくれ、日々生きていくことを支え、明日出会う本を楽しみに生きていける、そんな唯一無二の存在を熱く熱く語ったところで、本が苦手だと思っている人たちはむしろ顔を背けるでしょう。

今日から、わたしはそういう人に、黙ってこの本を差し出すことができます。最初の序文だけでもいいから、まずは読んでみて、と言えます。

この本はいわゆる読書論や、読書のすすめではありません。もっと根源的な、言葉について、そして自分のありようについて考える本と言えるかもしれません。古今東西の言葉を収めた「本という考え方」とどう向き合っていくか。

全てのページに、一生を通じて、折に触れ思い返し、噛みしめるような、宝物のような言葉が溢れています。わたしが好きな言葉をいくつか上げさせていただければ、「その本をそれまで読んだことがない。にもかかわらず、その本を読んで、「私」という人間がすでにそこに読みぬかれていたというふうに感じる。」

心地よい本というのがあります。全ての文章、全ての流れがしっくり来て、自分のために書かれているのではないかと思うような本。なのに自分の想像力を裏切って、思いもかけない世界を見せてくれる本。そんな本に一生に何冊かでも出会えたら、こんなに幸せなことはないと思うのです。

「本の文化を成り立たせてきたのは、じつは、この忘れるちからです。」

一度読んだ本はみんな手放してしまう、という友人がいました。わたしは、手元に取っておきたい。書庫に眠る本の背表紙を眺めながら「そろそろ忘れたかな？　もうちょっとかな？」と熟成を楽しみに待つワイン愛好家のようにワクワクしたいのです。だってきれいさっぱり忘れたら、もう一度真新しい心でその本を楽しめるんですよ。忘れるちからって素晴らしいことですね。

「どこにもう一つの世界へのドアがあるかを指さす本が、友人としての本です。」

本という扉をくぐれば、距離だけでなく、時間すら超えることができる。「自分の心のなかにずっとつづいているものとして」その無数の扉があるのは、どんなに人生を豊かにしてくれるでしょう。

「どんな人もその気になれば友だちは見つけられる。現実生活に友だちがいない人にも、唯一友人を準備してくれるものがあるとすれば、それは書籍だ」

これは引用の引用なので、孫引きになりますが、幸田露伴のこの言葉は、わたしの墓碑銘にしたいくらい。もちろんわたしは現実にたくさんの素晴らしい友人がいます。でもわたしが真に孤独だった時、悲しみでどうしても立ち上がれなかった時、死んでしまいたいと思った時、寄り添ってくれたのは本でした。どんなに仲の良い友人にも言えないことを、受け止めてくれたのも本でした。

「子どもの本というのは、子どものための本なのではありません。大人になってゆくために必要な本のこと」

児童書が大好きなわたしにとって、これほど心強い言葉はありません。折々に訪れる大好きな場所のように、自分にとって大事なものを確かめるために読み返す児童書が、本当は誰にもあるのではないかと思います。

キリがないですね……わたしが本に線を引けるタイプなら、きっと全ページがペカペカのラインマーカーで輝いていると思います。

ここに書かれている言葉の、なんと的確で、でも押しつけがましくなく、平易で、美しくて、柔らかなユーモアに満ちていること。

この言葉たちを書いた長田弘さんは、どんな方なのでしょう。長田さんは一九三九年、福島県に生まれました。言葉への最初の一歩は詩人として。早稲田大学在学中に詩誌を創刊し、ご自身の詩集も刊行されています。以降、たくさんのエッセイや評論、児童文学書、そして翻訳を手がけてこられました。余談ですが、長田さんの翻訳リストの中に、大好きな『はしれ！ショウガパンうさぎ』を見つけてびっくり。岩波ようねんぶんこで何度も何度も読み返した愛読書です。この本もまた、わたしにとって「大人になってゆくために必要な本」でした。

ＮＨＫテレビ『視点・論点』への出演や、講演等を通じて、書くことと、語ることでもご自身の言葉を伝えられました。

悲しいことに、長田さんは二〇一五年にこの世を去られました。でも長田さんが残した言葉は、本となって、わたしたちの文化の中に蓄えられています。ずっとずっと残ります。

きっとこの本は、あなたのかけがえのない友人になるでしょう。人生の中で幾度となく読み返し、その度に新しいことを教えてくれ、知らない世界に旅立つ勇気と喜びを与えてくれ、手を引いて、あるいは背中を押してくれる友人。わたしは、たくさんの友人に導かれる、読書する生き物として生きていけることが幸せです。

わたしは本が好きです。

（いけざわ・はるな）

本書は二〇〇一年に単行本として、
二〇〇六年にＮＨＫライブラリーとして
日本放送出版協会（現・ＮＨＫ出版）
より刊行されました。

宮沢賢治全集（全10巻）

宮沢賢治

『春と修羅』、『注文の多い料理店』はじめ、賢治の全作品及び異稿を、綿密な校訂と定評ある本文によって贈る話題の文庫版全集。書簡など2巻増巻。

太宰治全集（全10巻）

太宰治

第一創作集『晩年』から太宰文学の総結算ともいえる『人間失格』、さらに『もの思う葦』ほか随想集も含め、清新な装幀でおくる待望の文庫版全集。

夏目漱石全集（全10巻）

夏目漱石

時間を超えて読みつがれる最大の国民文学を、10冊に集成して贈る画期的な文庫版全集。全小説及び小品、評論に詳細な注・解説を付す。

芥川龍之介全集（全8巻）

芥川龍之介

確かな不安を漠然とした希望の中に生きた芥川の全貌。名手の名をほしいままにした短篇から、日記、随筆、紀行文までを収める。

梶井基次郎全集（全1巻）

梶井基次郎

「檸檬」「泥濘」「桜の樹の下には」「交尾」をはじめ、習作・遺稿を全て収録し、梶井文学の全貌を伝える。一巻に収めた初の文庫版全集。（高橋英夫）

中島敦全集（全3巻）

中島敦

昭和十七年、一筋の光のように登場し、二冊の作品集を残してまたたく間に逝った中島敦——その代表作から書簡までを収め、詳細小口注を付す。

山田風太郎明治小説全集（全14巻）

山田風太郎

これは事実なのか？ フィクションか？ 歴史上の人物と虚構の人物が明治の東京を舞台に繰り広げる奇想天外な物語。かつ新時代の裏面史。

ちくま日本文学（全40巻）

ちくま日本文学

小さな文庫の中にひとりひとりの作家の宇宙がつまっている。一人一巻、全四十巻。何度読んでも古びない作品と出逢う、手のひらサイズの文学全集。

ちくま文学の森（全10巻）

ちくま文学の森

最良の選者たちが、古今東西を問わず、あらゆるジャンルの作品の中から面白いものだけを基準に選んだ、伝説のアンソロジー、文庫版。

ちくま哲学の森（全8巻）

ちくま哲学の森

「哲学」の狭いワク組みにとらわれることなく、あらゆるジャンルの中からとっておきの文章を厳選。新鮮な驚きに満ちた文庫版アンソロジー集。

現代語訳 舞姫　森鷗外　井上靖訳
古典となりつつある鷗外の名作を井上靖の現代語訳で読む。無理なく作品を味わうための語注・資料を付す。原文も掲載。監修＝山崎一穎

こころ　夏目漱石
友を死に追いやった「罪の意識」によって、ついには人間不信にいたる悲惨な心の暗部を描いた傑作。詳しく利用しやすい語注付。（小森陽一）

英語で読む 銀河鉄道の夜（対訳版）　宮沢賢治　ロジャー・パルバース訳
"Night On The Milky Way Train"（銀河鉄道の夜）賢治文学の名篇が香り高い訳で生まれかわる。文庫オリジナル。井上ひさし氏推薦。（高橋康也）

百人一首　鈴木日出男
王朝和歌の精髄、百人一首を第一人者が易しく解説。現代語訳、鑑賞、作者紹介、語句・技法を見開きにコンパクトにまとめた最良の入門書。

今昔物語　福永武彦訳
平安末期に成り、庶民の喜びと悲しみを今に伝える今昔物語。訳者自身が選んだ155篇の物語は名訳を得て、より身近に蘇る。（池上洵一）

私の「漱石」と「龍之介」　内田百閒
師・漱石を敬愛してやまない百閒が、おりにふれて綴った師の行動と面影とエピソード。さらに同門の友、芥川との交遊を収める。（武藤康史）

阿房列車——内田百閒集成1　内田百閒
「なんにも用事がないけれど、汽車に乗って大阪へ行って来ようと思う」。上質のユーモアに包まれた、紀行文学の傑作。（和田忠彦）

教科書で読む名作 夏の花ほか 戦争文学　原民喜ほか
表題作のほか、審判（武田泰淳）／夏の葬列（山川方夫）／夜（三木卓）など収録。高校国語教科書に準じた傍注や図版付き。併せて読みたい名評論も。

名短篇、ここにあり　北村薫　宮部みゆき編
読み巧者の二人の議論沸騰し、選びぬかれたお薦め小説12篇。となりの宇宙人／冷たい仕事／隠し芸の男／少女架刑／あしたの夕刊／網／誤訳ほか。

猫の文学館Ⅰ　和田博文編
寺田寅彦、内田百閒、太宰治、向田邦子……いつの時代も、作家たちは猫が大好きだった。猫の気まぐれに振り回されている猫好きに捧げる47篇‼

品切れの際はご容赦ください

沈黙博物館　小川洋子

「形見じゃ」老婆は言った。死の完結を阻止するために形見が盗まれる。死者が残した断片をめぐるやさしくスリリングな物語。（堀江敏幸）

星間商事株式会社社史編纂室　三浦しをん

二九歳「腐女子」川田幸代、社史編纂室所属。恋の行方も友情の行方も五里霧中。仲間と共に「同人誌」を武器に社の秘められた過去に挑む!?（金田淳子）

つむじ風食堂の夜　吉田篤弘

それは、笑いのこぼれる夜。――食堂は、十字路の角にぽつんとひとつ灯をともしていた。クラフト・エヴィング商會の物語作家による長篇小説。

通天閣　西加奈子

このしょーもない世の中に、救いようのない人生に、ちょっぴり暖かい灯を点す驚きと感動の物語。第24回織田作之助賞大賞受賞作。（津村記久子）

この話、続けてもいいですか。　西加奈子

ミッキーこと西加奈子の目を通すと世界はワクワク、ドキドキ輝く。いろんな人、出来事、体験がてんこ盛りの豪華エッセイ集！（中島たい子）

君は永遠にそいつらより若い　津村記久子

22歳処女。いや「女の童貞」と呼んでほしい――。日常の底に潜むうっすらとした悪意を独特の筆致で描く。第21回太宰治賞受賞作。（松浦理英子）

アレグリアとは仕事はできない　津村記久子

彼女はどうしようもない性悪だった。すぐ休み単純労働をバカにし男性社員に媚を売る。大型コピー機とミノベとの仁義なき戦い！（千野帽子）

まともな家の子供はいない　津村記久子

セキコには居場所がなかった。うちには父親がいる。うざい母親、テキトーな妹。まともな家なんてどこにもない！　中3女子、怒りの物語。（岩宮恵子）

こちらあみ子　今村夏子

あみ子の純粋な行動が周囲の人々を否応なく変えていく。第26回太宰治賞、第24回三島由紀夫賞受賞作。書き下ろし「チズさん」収録。（町田康／穂村弘）

さようなら、オレンジ　岩城けい

オーストラリアに流れ着いた難民サリマ。言葉も不自由な彼女が、新しい生活を切り拓いてゆく。第29回太宰治賞受賞・第150回芥川賞候補作。（小野正嗣）

冠・婚・葬・祭　中島京子

人生の節目に、起こったこと、出会ったひと、考えたこと。冠婚葬祭を切り口に、鮮やかな人生模様が描かれる。第143回直木賞作家の代表作。（瀧井朝世）

とりつくしま　東直子

死んだ人に「とりつくしま係」が言う。モノになってこの世に戻れますよ。妻は夫のカップに弟子は先生の扇子になった。連作短篇集。（大竹昭子）

虹色と幸運　柴崎友香

珠子、かおり、夏美。三〇代になった三人が、人に会い、おしゃべりし、いろいろ思う一年間。移りゆく季節の中で、日常の細部が輝く傑作。（江南亜美子）

星か獣になる季節　最果タヒ

推しの地下アイドルが殺人容疑で逮捕!?　僕は同級生のイケメン森下と真相を探るが――。歪んだピュアネスが傷だらけで疾走する新世代の青春小説！

ピスタチオ　梨木香歩

棚（たな）がアフリカを訪れたのは本当に偶然だったのか。不思議な出来事の連鎖から、水と生命の壮大な物語「ピスタチオ」が生まれる。（管啓次郎）

図書館の神様　瀬尾まいこ

赴任した高校で思いがけず文芸部顧問になってしまった清（きよ）。そこでの出会いが、その後の人生を変えてゆく。鮮やかな青春小説。（山本幸久）

マイマイ新子　髙樹のぶ子

昭和30年山口県国衙。きょうも新子は妹や友達と元気いっぱい。戦争の傷を負った大人、変わりゆく時代、その懐かしく切ない日々を描く。（片渕須直）

話虫干　小路幸也

夏目漱石「こころ」の内容が書き変えられた！　それは話虫の仕業。新人図書館員が話の世界に入り込み、「こころ」をもとの世界に戻そうとするが……。

包帯クラブ　天童荒太

傷ついた少年少女達は、戦わないかたちで自分達の大切なものを守ることにした。生きがたいと感じるすべての人に贈る長篇小説。大幅加筆して文庫化。

うれしい悲鳴をあげてくれ　いしわたり淳治

作詞家、音楽プロデューサーとして活躍する著者の小説&エッセイ集。彼が「言葉」を紡ぐと誰もが楽しめる「物語」が生まれる。（鈴木おさむ）

品切れの際はご容赦ください

命売ります 三島由紀夫
自殺に失敗し、「命売ります。お好きな目的にお使い下さい」という突飛な広告を出した男のもとに、現われたのは？（種村季弘）

三島由紀夫レター教室 三島由紀夫
五人の登場人物が巻き起こす様々な出来事を手紙で綴る。恋の告白・借金の申し込み・見舞状等、一風変ったユニークな文例集。（群ようこ）

コーヒーと恋愛 獅子文六
恋愛は甘くてほろ苦い。とある男女が巻き起こす恋模様をコミカルに描く昭和の傑作が、現代の「東京」によみがえる。（曽我部恵一）

七時間半 獅子文六
東京—大阪間が七時間半かかっていた昭和30年代、特急「ちどり」を舞台に乗務員とお客たちのドタバタ劇を描く隠れた名作が遂に甦る。（千野帽子）

悦ちゃん 獅子文六
ちょっぴりおませな女の子、悦ちゃんがのんびり屋の父親の再婚話をめぐって東京中を奔走するユーモアと愛情に満ちた物語。初期の代表作。（窪美澄）

笛ふき天女 岩田幸子
旧藩主の息女に生まれ松方財閥に嫁ぎ、四十歳で作家獅子文六と再婚。夫、文六の想い出と天女のような純真さで爽やかに生きた女性の半生を語る。

青空娘 源氏鶏太
主人公の少女、有子が不遇な境遇から幾多の困難にぶつかりながらも健気にそれを乗り越え希望を手にする日本版シンデレラ・ストーリー。（山内マリコ）

最高殊勲夫人 源氏鶏太
野々宮杏子と三原三郎は家族から勝手な結婚話を迫られるも協力してそれを回避する。しかし徐々に惹かれ合うお互いの本当の気持ちは……。（千野帽子）

カレーライスの唄 阿川弘之
会社が倒産した！　どうしよう。美味しいカレーライスの店を始めよう。若い男女の恋と失業と起業の奮闘記。昭和娯楽小説の傑作。（平松洋子）

せどり男爵数奇譚 梶山季之
せどり＝掘り出し物の古書を安く買って高く転売することを業とすること。古書の世界に魅入られた人々を描く傑作ミステリー。（永江朗）

飛田ホテル　黒岩重吾

刑期を終えたやくざ者に起きた妻の失踪を追う表題作など、大阪のどん底で交わる男女の情と性。直木賞作家の傑作ミステリ短篇集。（難波利三）

あるフィルムの背景　結城昌治　日下三蔵編

普通の人間が起こす歪んだ事件、そこに至る絶望を描き、思いもよらない結末を鮮やかに提示する。昭和ミステリの名手、オリジナル短篇集。

赤い猫　仁木悦子　日下三蔵編

爽やかなユーモアと本格推理、そしてほろ苦さを少々。日本推理作家協会賞受賞の表題作ほか〈日本のクリスティー〉の魅力をたっぷり堪能できる傑作選。

兄のトランク　宮沢清六

兄・宮沢賢治の生と死をそのかたわらでみつめ、兄の死後も烈しい空襲や散佚から遺稿類を守りぬいてきた実弟が綴る、初のエッセイ集。

落穂拾い・犬の生活　小山清

明治の匂いの残る浅草に育ち、純粋無比の作品を遺して短い生涯を終えた小山清。いまなお新しい、清らかな祈りのような作品集。（三上延）

真鍋博のプラネタリウム　真鍋博　星新一

名コンビ真鍋博と星新一。二人の最初の作品『おーいでてこーい』他、星作品に描かれた挿絵と小説冒頭をまとめた幻の作品集。（真鍋真）

熊撃ち　吉村昭

人を襲う熊、熊をじっと狙う熊撃ち。大自然のなかで、実際に起きた七つの事件を題材に、孤独で忍耐強い熊撃ちの生きざまを描く。

川三部作
泥の河／螢川／道頓堀川　宮本輝

太宰賞「泥の河」、芥川賞「螢川」、そして「道頓堀川」と、川を背景に独自の抒情をこめて創出した、宮本文学の原点をなす三部作。

私小説 from left to right　水村美苗

12歳で渡米し滞在20年目を迎えた「美苗」。アメリカにも溶け込めず、今の日本にも違和感を覚え……。本邦初の横書きバイリンガル小説。

ラピスラズリ　山尾悠子

言葉の海が紡ぎだす、〈冬眠者〉と人形と、春の目覚めの物語。不世出の幻想小説家が20年の沈黙を破り発表した連作長篇。補筆改訂版。（千野帽子）

品切れの際はご容赦ください

尾崎翠集成（上・下）　尾崎翠／中野翠 編

鮮烈な作品を残し、若き日に音信を絶った謎の作家・尾崎翠。時間と共に新たな輝きを加えてゆくその文学世界を集成する。

クラクラ日記　坂口三千代

戦後文壇を華やかに彩った無頼派の雄・坂口安吾との、嵐のような生活を妻の座から愛と悲しみをもって描く回想記。巻末エッセイ＝松本清張

貧乏サヴァラン　森茉莉／早川暢子 編

オムレット、ボルドオ風茸料理、野菜の牛酪煮……。食いしん坊茉莉は料理自慢。香り豊かな〝茉莉ことば〟で綴られる垂涎の食エッセイ。文庫オリジナル。

紅茶と薔薇の日々　森茉莉／早川茉莉 編

天皇陛下のお菓子に洋食店の味、庭に実る木苺……森鷗外の娘にして無類の食いしん坊、森茉莉が描く懐かしく愛おしい美味の世界。（辛酸なめ子）

ことばの食卓　武田百合子／野中ユリ・画

なにげない日常の光景やキャラメル、枇杷など、食べものに関する昔の記憶と思い出を感性豊かな文章で綴ったエッセイ集。（種村季弘）

遊覧日記　武田百合子／武田花・写真

行きたい所へ行きたい時に、つれづれに出かけてゆく。一人で。または二人で。あちらこちらを遊覧しながら綴ったエッセイ集。（巖谷國士）

わたしは驢馬に乗って下着をうりにゆきたい　鴨居羊子

新聞記者から下着デザイナーへ。斬新で夢のある下着を世に送り出し、下着ブームを巻き起こした女性起業家の悲喜こもごも。（近代ナリコ）

私はそうは思わない　佐野洋子

佐野洋子は過激だ。ふつうの人が思うようには思わない。大胆で意表をついたまっすぐな発言をする。だから読後が気持ちいい。（群ようこ）

神も仏もありませぬ　佐野洋子

還暦……もう人生おりたかった。でも春のきざしの蕗の薹に感動する自分がいる。意味なく生きても人は幸せなのだ。第3回小林秀雄賞受賞。（長嶋康郎）

老いの楽しみ　沢村貞子

八十歳を過ぎ、女優引退を決めた著者が、日々の思いを綴る。齢にさからわず、「なみ」に、気楽に、と過ごす時間に楽しみを見出す。（山崎洋子）

遠い朝の本たち 須賀敦子

一人の少女が成長する過程で出会い、愛しんだ文学作品の数々を、記憶に深く残る人びとの想い出とともに描くエッセイ。（末盛千枝子）

おいしいおはなし 高峰秀子編

向田邦子、幸田文、山田風太郎……著名人23人の美味な思い出。文学や芸術にも造詣が深かった往年の大女優・高峰秀子が厳選した珠玉のアンソロジー。

るきさん 高野文子

のんびりしていてマイペース、だけどどっかヘンテコな、るきさんの日常生活って？　独特な色使いが光るオールカラー。ポケットに一冊どうぞ。

それなりに生きている 群ようこ

日当たりの良い場所を目指して仲間を蹴落とすカメ、迷子札をつけているネコ、自己管理している犬。文庫化に際し、二篇を追加して贈る動物エッセイ。

うつくしく、やさしく、おろかなり 杉浦日向子

生きることを楽しもうとしていた江戸人たち。彼らの紡ぎ出した文化にとことん惚れ込んだ著者がその思いの丈を綴った最後のラブレター。（松田哲夫）

ねにもつタイプ 岸本佐知子

何となく気になることにこだわる、ねにもつ。思索、奇想、妄想はばたく脳内ワールドをリズミカルな名短文でつづる。第23回講談社エッセイ賞受賞。

回転ドアは、順番に 穂村弘　東直子

ある春の日に出会い、そして別れるまで。気鋭の歌人ふたりが、見つめ合い呼吸をはかりつつ投げ合う、スリリングな恋愛問答歌。（金原瑞人）

絶叫委員会 穂村弘

町には、偶然生まれては消えてゆく無数の詩が溢れている。不合理でナンセンスで真剣だからこそ可笑しい、天使的な言葉たちへの考察。（南伸坊）

杏のふむふむ 杏

連続テレビ小説「ごちそうさん」で国民的な女優となった杏が、それまでの人生を、人との出会いをテーマに描いたエッセイ集。（村上春樹）

月刊佐藤純子 佐藤ジュンコ

注目のイラストレーター（元書店員）のマンガエッセイが大増量してまさかの文庫化！　仙台の街や友人との日常を描く独特のゆるふわ感はクセになる！

品切れの際はご容赦ください

吉行淳之介ベスト・エッセイ　吉行淳之介　荻原魚雷編

創作の秘密から、ダンディズムの条件まで。「文学」「男と女」「紳士」「人物」のテーマごとに厳選した、吉行淳之介の入門書にして決定版。（大竹聡）

田中小実昌ベスト・エッセイ　田中小実昌　大庭萱朗編

東大哲学科を中退し、バーテン、香具師などを転々とし、飄々とした作風とミステリー翻訳で知られるコミさんの厳選されたエッセイ集。（片岡義男）

山口瞳ベスト・エッセイ　小玉武編

サラリーマン処世術から飲食、幸福と死まで。――幅広い話題の中に普遍的な人間観察眼が光る山口瞳の豊饒なエッセイ世界を一冊に凝縮した決定版。

色川武大・阿佐田哲也ベスト・エッセイ　色川武大／阿佐田哲也　大庭萱朗編

二つの名前を持つ作家のベスト。文学論、落語からタモリまでの芸能論、ジャズ、作家たちとの交流も。もちろん阿佐田哲也名の博打論も収録。（木村紅美）

開高健ベスト・エッセイ　開高健　小玉武編

文学から食、ヴェトナム戦争まで――おそるべき博覧強記と行動力。「生きて、書いて、ぶつかった」開高健の広大な世界を凝縮したエッセイを精選。

中島らもエッセイ・コレクション　中島らも　小堀純編

小説家、戯曲家、ミュージシャンなど幅広い活躍で没後なお人気の中島らもの魅力を凝縮！　酒と文学とエンターテインメント。（いとうせいこう）

文房具56話　串田孫一

使う者の心をときめかせる文房具。どうすればこの小さな道具が創造力の源泉になりうるのか。文房具の想い出や新たな発見、工夫や悦びを語る。

ぼくは散歩と雑学がすき　植草甚一

1970年、遠かったアメリカ。その風俗、映画、本、音楽から政治までをフレッシュな感性と膨大な知識、貪欲な好奇心で描き出す代表エッセイ集。

快楽としてのミステリー　丸谷才一

ホームズ、007、マーロウ――探偵小説を愛読して半世紀、その楽しみを文芸批評とゴシップを駆使して自在に語る、文庫オリジナル。（三浦雅士）

超発明　真鍋博

昭和を代表する天才イラストレーターが、唯一無二のSF的想像力と未来的発想で〝夢のような発明品〟129例を描き出す幻の作品集。（川田十夢）

ねぼけ人生〈新装版〉　水木しげる

戦争で片腕を喪失、紙芝居・貸本漫画の時代と、波瀾万丈の人生を、楽天的に生きぬいてきた水木しげるの、面白くも哀しい半生記。（呉智英）

「下り坂」繁盛記　嵐山光三郎

人の一生は、「下り坂」をどう楽しむかにかかっている。真の喜びや快感は「下り坂」にあるのだ。あちこちにガタがきても、愉快な毎日が待っている。（新井信）

向田邦子との二十年　久世光彦

あの人は、あり過ぎるくらいあった始末におえない胸の中のものを誰にだって、一言も口にしない人だった。時を共有した二人の世界。（新井信）

旅に出る　ゴトゴト揺られて本と酒　椎名誠

旅の読書は、漂流モノと無人島モノと一点こだわりガンコ本！　本と旅とそれから派生していく自由な思いのつまったエッセイ集。（竹田聡一郎）

昭和三十年代の匂い　岡崎武志

テレビ購入、不二家、空地に土管、トロリーバス、くみとり便所、少年時代の昭和三十年代の記憶をたどる。巻末に岡田斗司夫氏との対談を収録。

本と怠け者　荻原魚雷

日々の暮らしと古本を語り、古書に独特の輝きを与えた「ちくま」好評連載「魚雷の眼」を、一冊にまとめた文庫オリジナルエッセイ集。（岡崎武志）

増補版　誤植読本　高橋輝次編著

本と誤植は切っても切れない⁉　恥ずかしい打ち明け話や、校正をめぐるあれこれなど、作家たちが本音を語り出す。作品42篇収録。（堀江敏幸）

わたしの小さな古本屋　田中美穂

会社を辞めた日、古本屋になることを決めた。倉敷の空気、古書がつなぐ人の縁、店の生きものたち……。女性店主が綴る蟲文庫の日々。（早川義夫）

ぼくは本屋のおやじさん　早川義夫

22年間の書店としての苦労と、お客さんとの交流。どこにもありそうで、ない書店。30年来のロングセラー！（大槻ケンヂ）

たましいの場所　早川義夫

「恋をしていいのだ。今を歌っていくのだ」。心を揺るがす本質的な言葉。文庫用に最終章を追加。帯文＝宮藤官九郎　オマージュエッセイ＝七尾旅人

品切れの際はご容赦ください

これで古典がよくわかる　橋本治

古典文学に親しめず、興味を持てない人たちは少なくない。どうすれば古典が「わかる」ようになるかを具体例を挙げ、教授する最良の入門書。

恋する伊勢物語　俵万智

恋愛のパターンは今も昔も変わらない。恋がいっぱいの歌物語の世界に案内する、ロマンチックでユーモラスな古典エッセイ。（武藤康史）

倚りかからず　茨木のり子

もはや／いかなる権威にも倚りかかりたくはない……話題の単行本に3篇の詩を加え、高瀬省三氏の絵を添えて贈る決定版詩集。（山根基世）

茨木のり子集　言の葉（全3冊）　茨木のり子

しなやかに凛と生きた詩人の歩みの跡を、詩とエッセイで編んだ自選作品集。単行本未収録の作品なども収め、魅力の全貌をコンパクトに纏める。

詩ってなんだろう　谷川俊太郎

谷川さんはどう考えているのだろう。その道筋にそって詩を集め、選び、配列し、詩とは何かを考えるおもとを示しました。（華恵）

笑う子規　正岡子規＋天野祐吉＋南伸坊

「弘法は何と書きしぞ筆始」「猫老て鼠もとらず置火燵」。天野さんのユニークなコメント、南さんの豪快な絵を添えて贈る愉快な子規句集。（関川夏央）

尾崎放哉全句集　村上護編

「咳をしても一人」などの感銘深い句で名高い自由律の俳人・放哉。放浪の旅の果て、小豆島で破滅型の人生を終えるまでの全句業。（村上護）

山頭火句集　種田山頭火　村上護編　小崎侃・画

自選句集「草木塔」を中心に、その境涯を象徴する随筆も精選収録し、〝行乞流転〟の俳人の全容を伝える一巻選集！（村上護）

絶滅寸前季語辞典　夏井いつき

「従兄煮」「蚊帳」「夜這星」「竈猫」……季節感が失われ、風習が廃れて消えていく季語たちに、新しい命を吹き込む読み物辞典。（茨木和生）

絶滅危急季語辞典　夏井いつき

「ぎぎ・ぐぐ」「われから」「子持花椰菜」「大根祝う」……消えゆく季語に新たな命を吹き込む読み物辞典。超絶季語続出の第二弾。（古谷徹）

一人で始める短歌入門　枡野浩一
「かんたん短歌の作り方」の続篇。CHINTAIのCM「いい部屋みつかっ短歌」の応募作を題材に短歌を指南。毎週10首、10週でマスター！

片想い百人一首　安野光雅
オリジナリティーあふれる本歌取り百人一首とエッセイ。読み進めるうちに、不思議と本歌も頭に入ってきて、いつのまにやらあなたも百人一首の達人に。

宮沢賢治のオノマトペ集　宮沢賢治　杉田淳子編　栗原敦監修
賢治ワールドの魅力的な擬音をセレクト・解説した画期的な一冊。ご存じ「どっどどどどうど　どどうど　どどう」など、声に出して読みたくなります。

増補 日本語が亡びるとき　水村美苗
明治以来豊かな近代文学を生み出してきた日本語が、いま、大きな岐路に立っている。我々にとって言語とは何なのか。第8回小林秀雄賞受賞作に大幅増補。

ことばが劈《ひら》かれるとき　竹内敏晴
ことばとこえとからだと、それは自分と世界との境界線だ。幼時に耳を病んだ著者が、いかにことばを回復し、自分をとり戻したか。

発声と身体のレッスン　鴻上尚史
あなた自身の「こえ」と「からだ」を自覚し、魅力的に向上させるための必要最低限のレッスンの数々。続ければ驚くべき変化が！　（安田登）

パンツの面目ふんどしの沽券　米原万里
キリストの下着はパンツか腰巻か？　幼い日にめばえた疑問を手がかりに、人類史上の謎に挑んだ、抱腹絶倒＆禁断のエッセイ。　（井上章一）

全身翻訳家　鴻巣友季子
何をやっても翻訳的思考から逃れられない。妙に言葉が気になり妙な連想にはまる。翻訳というメガネで世界を見た貴重な記録（エッセイ）。　（穂村弘）

夜露死苦現代詩　都築響一
寝たきり老人の独語、死刑囚の俳句、エロサイトのコピー……誰も文学と思わないのに、一番僕たちをドキドキさせる言葉をめぐる旅。増補版。

英絵辞典　岩田一男　真鍋博
真鍋博のポップで精緻なイラストで描かれた日常生活の205の場面に、6000語の英単語を配したビジュアル英単語辞典。　（マーティン・ジャナル）

品切れの際はご容赦ください

武士の娘　杉本鉞子／大岩美代訳

明治維新期に越後の家に生れ、厳格なしつけと礼儀作法を身につけた少女が開化期の息吹にふれて渡米、近代的女性となるまでの傑作自伝。

ハーメルンの笛吹き男　阿部謹也

「笛吹き男」伝説の裏に隠された謎はなにか？ 十三世紀ヨーロッパの小さな村で起きた事件を手がかりに中世における「差別」を解明。（石牟礼道子）

隣のアボリジニ　上橋菜穂子

大自然の中で生きるイメージとは裏腹に、町で暮らすアボリジニもたくさんいる。そんな「隣人」アボリジニの素顔をいきいきと描く。（池上彰）

サンカの民と被差別の世界　五木寛之

歴史の基層に埋もれた、忘れられた日本を掘り起こす。漂泊に生きた海の民・山の民。身分制で賤民とされた人々。彼らが現在に問いかけるものとは。

世界史の誕生　岡田英弘

世界史はモンゴル帝国と共に始まった。東洋史と西洋史の垣根を超えた世界史を可能にした、中央ユーラシアの草原の民の活動。

日本史の誕生　岡田英弘

「倭国」から「日本国」へ。そこには中国大陸の大きな政治のうねりがあった。日本国の成立過程を東洋史の視点から捉え直す刺激的論考。

島津家の戦争　米窪明美

薩摩藩の私領・都城島津家に残された日誌を丹念に読み解き、幕末・明治の日本を動かした最強武士団の実像に迫る。薩摩から見たもう一つの日本史。

それからの海舟　半藤一利

江戸城明け渡しの大仕事以後も旧幕臣の生活を支え、徳川家の名誉回復を果たすため新旧相撃つ明治を生き抜いた勝海舟の後半生。（阿川弘之）

その後の慶喜　家近良樹

幕府瓦解から大正まで、若くして歴史の表舞台から姿を消した最後の将軍の〝長い余生〟を近しい人間の記録を元に明らかにする。（門井慶喜）

幕末維新のこと　司馬遼太郎／関川夏央編

「幕末」について司馬さんが考えて、書いて、語ったことの真髄を一冊に。小説以外の文章・対談・講演から、激動の時代をとらえた19篇を収録。

明治国家のこと　司馬遼太郎　関川夏央編
司馬さんにとって「明治国家」とは何だったのか。西郷と大久保の対立から日露戦争まで、明治の日本人への愛情と鋭い批評眼が交差する18篇を収録。

方丈記私記　堀田善衞
中世の酷薄な世相を覚めた眼で見続けた鴨長明。その人間像を自己の戦争体験に照らして語りつつ現代日本文化の深層をつく。巻末対談＝五木寛之

東條英機と天皇の時代　保阪正康
日本の現代史上、避けて通ることのできない存在である東條英機。軍人から戦争指導者へ、そして極東裁判に至る生涯を通して、昭和期日本の実像に迫る。

戦中派虫けら日記　山田風太郎
〈嘘はつくまい。嘘の日記は無意味である〉。戦時下、明日の希望もなく、心身ともに飢餓状態にあった若き風太郎の心の叫び。（久世光彦）

責任　ラバウルの将軍今村均　角田房子
ラバウルの軍司令官・今村均。軍部内の複雑な関係、戦地、そして戦犯としての服役。戦争の時代を生きた人間の苦悩を描き出す。（保阪正康）

広島第二県女二年西組　関千枝子
8月6日、級友たちは勤労動員先で被爆した。突然に逝った39名それぞれの足跡をたどり、彼女らの生を鮮やかに切り取った鎮魂の書。（山中恒）

劇画　近藤勇　水木しげる
明治期を目前に武州多摩の小倅から身を起こし、ついに新選組隊長となった近藤。だがもしかしたら多摩で芋作りをしていた方が幸せだったのでは？

水木しげるのラバウル戦記　水木しげる
太平洋戦争の激戦地ラバウル。その戦闘に一兵卒として送り込まれ、九死に一生をえた作者が、体験が鮮明な時期に描いた絵物語風の戦記。

昭和史探索（全6巻）　半藤一利編著
名著『昭和史』の著者が第一級の史料を厳選、抜粋。時々の情勢や空気を一年ごとに分析し、書き下ろしの解説を付す。《昭和》を深く探る待望のシリーズ。

夕陽妄語1（全3巻）　加藤周一
高い見識に裏打ちされた時評は時代を越えて普遍性を持つ。政治から文化まで、二〇世紀後半からの四半世紀を、加藤周一はどう見たか。（成田龍一）

品切れの際はご容赦ください

ちくま文庫

読書《どくしょ》からはじまる

二〇二一年五月　十　日　第一刷発行
二〇二四年十月二十五日　第九刷発行

著　者　長田弘（おさだ・ひろし）

発行者　増田健史
発行所　株式会社　筑摩書房
東京都台東区蔵前二―五―三　〒一一一―八七五五
電話番号　〇三―五六八七―二六〇一（代表）
装幀者　安野光雅
印刷所　星野精版印刷株式会社
製本所　株式会社積信堂

乱丁・落丁本の場合は、送料小社負担でお取り替えいたします。本書をコピー、スキャニング等の方法により無許諾で複製することは、法令に規定された場合を除いて禁止されています。請負業者等の第三者によるデジタル化は一切認められていませんので、ご注意ください。
© HIROSHI OSADA 2021 Printed in Japan
ISBN978-4-480-43742-6 C0195